Janine Strauch
und die Klasse 5CG der
Kurt-Schumacher-Schule/Karben

Die geheimnisvolle Märchensammlung

Janine Strauch
und die Klasse 5CG der
Kurt-Schumacher-Schule/Karben

Die geheimnisvolle Märchensammlung

Bibliographische Information der Deutschen Bibliothek
Die Deutsche Bibliothek verzeichnet diese Publikation in der Deutschen Nationalbibliographie; detaillierte bibliographische Daten sind im Internet über http://dnb.ddb.de abrufbar.

Frankfurt am Main	London
Postfach 90 04 21	70 c, Wrentham Avenue
D - 60444 Frankfurt	London NW10 3HG, UK

e-mail: info@iko-verlag.de • Internet: www.iko-verlag.de

ISBN: 978-3-88939-997-7

Umschlaggestaltung: Volker Loschek, 61184 Karben

Ein märchenhaftes Vorwort

Es war einmal, vor nicht allzu langer Zeit, in einem kleinen verträumten Städtchen mitten in der Wetterau eine Klasse namens 5cG. In dieser wurden im Deutschunterricht gerade Märchen gelesen. Plötzlich erwachte unter den Schülern eine solche Schreiblust, dass sie beschlossen, ein eigenes Märchenbuch zu schreiben. Jeder schrieb, so gut er konnte.

Dabei galt es jedoch, mehrere schwierige Aufgaben zu bestehen: Nicht nur mussten die unbarmherzigen Compumonster bezwungen werden, sondern es musste auch ein magischer Buchbinder her, der die einzelnen Geschichten zu einem Buch zusammenfasst. Glücklicherweise kannte eine Schülerin einen solchen und die Klasse machte sich auf den Weg, diesen zu suchen. Nach mehreren, erbitterten Kämpfen gegen die Compumonster fanden sie ihn endlich und glücklicherweise stellte er sich als sehr freundlicher, weiser Mann heraus, der die Anstrengungen der Schülerinnen und Schüler zu

würdigen wusste. So fiel es nicht schwer, ihn davon zu überzeugen, das Buch zu drucken...
Wir bedanken uns noch einmal ganz herzlich beim IKO-Verlag und besonders bei Herrn Sülberg!

Inhalt

Fipp, Blu und der Kampf mit dem Schatten

Es war einmal in einem fernen Land. Dort gab es viele Geschöpfe, die wir aus Büchern kennen. Elfen und Feen gab es, aber auch Trolle und böse Zauberer. Fipp war so eine Elfe; eine kleine, verspielte und neugierige. Sie hatte einen kleinen Begleiter, den sie auf jede Reise, an jeden Ort und in jedes Versteck mitnahm. Blu hieß er. Blu war klein und hatte Flügel. Er war ganz blau und kuschelig. Sein Gesicht war rund und freundlich. Eines Morgens wachte Fipp schweißnass auf. Sie hatte in der Nacht einen Alptraum gehabt. Fipp setzte sich gerade auf und schaute auf ihre Uhr. Es war halb zehn, aber stockdunkel. Vorsichtig stand sie auf. Auf Zehenspitzen schlich sie sich in den Flur. Dort lag Blu zusammengerollt in seinem Korb, den Fipp ihm gemacht hatte. Friedlich schlief er, als sie an ihm vorbeihuschte.

Das Schlafzimmer ihres Vaters war ihr Ziel. Nach einem Alptraum ging sie immer dorthin.

Als sie die Tür erreicht hatte, drückte sie langsam die Klinke herunter. Gerade, als die Tür eine handbreit offen stand, spähte sie hindurch. Das Zimmer sah aus wie immer. Der große Kleiderschrank stand neben dem kleinen Schreibtisch und gegenüber war das Bett. Früher, als Fipp noch kleiner gewesen war, hatten ihre Brüder sie in der Schreibtischschublade versteckt und sie dort vergessen. So etwas ging, weil kleine Elfen nur 5-10cm groß sind. Gott sei Dank war sie aus dem Alter schon raus!
Langsam schlich sie auf das Bett zu und zog die Decke herunter auf den Boden. Sonst grunzte ihr Vater immer, aber heute gab er keinen Laut von sich und als sie genauer hinsah, lag dort gar nicht ihr Vater, sondern nur ein Kissen, über das man seinen Schlafanzug gezogen hatte. Schnell rannte sie in das Zimmer ihrer Brüder, aber auch dort war niemand. „Nur keine Panik", dachte sie sich. „Du gehst in dein Zimmer, legst dich in dein Bett und schließt die Augen. Sobald du wieder aufwachst, ist deine Familie

wieder da". Also ging sie wieder zurück in ihr Zimmer. Sofort schlief sie ein.
Als sie zum zweiten Mal aufwachte, war es nicht mehr dunkel. Müde streckte sie sich, aber als Blu zu ihr ins Zimmer geflattert kam, erinnerte sie sich wieder an alles. Vor Angst zitternd sprang sie aus dem Bett und rannte durch den Flur bis zur Tür ihres Vaters. Keuchend und mit wahnsinnigem Seitenstechen öffnete sie die Tür. Alles lag so da, wie sie es am Abend verlassen hatte. Weinend setzte sie sich auf einen Stuhl, über dem noch die Gewänder ihres Vaters hingen. Schluchzend saß sie da, als Blu ins Zimmer schwirrte. „Was ist denn los mit meiner kleinen Prinzessin?". So nannte er sie immer. „Ach Blu", antwortete sie. „Meine Brüder und mein Vater, sie sind verschwunden!". Der arme Blu zuckte so zusammen, dass er ein Stück weiter nach hinten flog, meinte dann aber: „Lass uns doch mal auf die Straße gehen. Wahrscheinlich ist nicht nur deine Familie verschwunden".

Er hatte Recht. Fast das ganze Dorf stand im Kreis auf dem Marktplatz und unterhielt sich. „Ich habe ihn gesehen", verkündete Pia, die kleine Fee, gerade. „Du hast den Schatten gesehen?", fragte ein alter Mann. Pia nickte eifrig aber ein großer, stämmiger Elf sagte: „Man kann ihn nicht sehen, man fühlt ihn nur! Man fühlt den Hass und die Bosheit; langsam schleicht sie sich heran - alles wird dunkel und dann, zack, hat er dich und nimmt dich mit!". „Wer ist der Schatten?", fragte Fipp. „Oh, der Schatten, meine Liebe, der Schatten ist das böseste, gefährlichste Wesen, das es je gab!", meinte eine junge Frau. „Er ist voller Macht und böser Magie. Ihn kann man nicht sehen", meldete sich eine alte Elfe zu Wort, „aber man fühlt ihn, Kind. Wenn der Schatten in der Nähe ist, denkst du, du könntest nie wieder fröhlich sein!" Fipp lief ein Schauer über den Rücken. Nie wieder fröhlich zu sein, war wahrscheinlich das schrecklichste Gefühl, das es gab. Trotzdem fragte sie: „Wo kann ich ihn finden?" „Man sagt, dass der Schatten am Ende der Welt lebt! Dort, wo die Dunkelheit den Tag besiegt“, sagte ein Mädchen. Die alte Elfe fügte hinzu: „Aber bevor du dort hinkommst, musst du im Mondscheinwald die silberne Mondscheinblume pflücken und das Einhorn um eines seiner Haare bitten. Danach musst du dich auf die lange Reise zu der Regenbogenbrücke begeben, das Tor der Regenbogenbrücke mit der Blume öffnen und gegen das Monster kämpfen!“ „Wie soll ich es denn besiegen?“, fragte Fipp bestürzt. Sie hatte nicht erwartet, so viele Aufgaben bestehen zu müssen. „Du besiegst es“, sagte Pia voller Stolz – wahrscheinlich, weil sie wieder mitreden konnte – „mit dem Haar des Einhorns. Damit musst du es fesseln!“. Fipp war erschüttert. „Mit einem einzigen Haar? Wie soll ich das denn anstellen?“ Die anderen kümmerten sich nun nicht mehr um sie und redeten weiter.

Langsam, ganz langsam, trottete sie wieder zum Haus zurück. Dort wartete Blu auf sie. „Und?“ fragte er voller Neugier, „was ist, was musst du tun?“. „Mondscheinwald ... Blume ... Regenbogentor...Monster...Haar...das schaff ich nicht!“ Mehr brachte sie nicht heraus. Weinend setzt sie sich auf den Boden. Blu aber verstand sofort. „Hey, das bekommst du schon hin! Mit deinem Mut und meinem Verstand sind deine Brüder und dein Vater schnell befreit…aua!“. Fipp musste lachen. Während Blu ihr nämlich den Vortrag gehalten hatte, war er bei jedem Wort vor Stolz höher geflattert und hatte sich den Kopf an der Decke gestoßen. „Hey!“, beschwerte er sich auch gleich, „das ist nicht lustig!“. „Ja, ja - ich weiß“, meinte sie lachend. „Na also!“ Blu rieb sich die Stelle, mit der er an die Decke gestoßen war. „Jetzt pack deinen Koffer, damit wir schnell aufbrechen können!“ „Mach ich“, versprach sie und ging in ihr Zimmer.

Fipp nahm nicht viel mit, nur ein Foto, das unter ihrem Kopfkissen lag und eine Kette. Die Kette hatte einst ihrer verstorbenen Mutter gehört. Dann ging sie in das Zimmer ihrer Brüder und nahm einen Pullover von Elbin und das Halstuch von Baron mit. Während sie es einpackte, dachte sie, dass sie es an kalten Abenden gut gebrauchen könnte. Als alles verstaut war, ging sie in die Küche zu Blu, der das Essen zusammensuchen sollte. Als Fipp die Küche betrat, blickte sie auf einen großen Berg. Und als sie genauer hinsah erkannte sie, dass es sich nicht um die Zugspitze, sondern um ihren Proviant handelte! „Blu!", rief sie besorgt. „So viel können wir niemals mitnehmen!" „Warum denn nicht?", fragte der gekränkt. „Ich habe nur das Nötigste zusammengepackt! Nelkenhonig und Oleandermarmelade musste ich schon aussortieren!" „Ja", entgegnete Fipp spöttisch, „aber der restliche Inhalt unseres Lebensmittelschrankes ist dabei, oder?" „Meinst du, ich möchte verhungern?" fragte Blu sie. „Such dir zwei Sachen aus - der Rest bleibt hier!", sagte Fipp im Befehlston. „Natürlich werde ich das tun, meine sturköpfige Prinzessin!", bellte Blu zurück, musste aber im selben Moment lachen und fiel, weil er vergessen hatte zu fliegen auf den Boden. Dort kugelte er sich übermütig vor Lachen und Fipp hatte Mühe, ihn zu beruhigen.

Nachdem alles zusammengepackt war und sie gerade aufbrechen wollten, fiel Fipp noch etwas ein: „Warte kurz, Blu, ich habe noch etwas vergessen!“. Sie lief schnell zurück in das Zimmer ihres Vaters und holte aus der untersten Schublade des Nachttischchens einen goldenen Ring, den Hochzeitsring. Schnell rannte sie zurück zur Tür, wo Blu auf sie wartete, steckte den Ring in die Tasche ihres Seidenkleides und trat hinaus auf die Straße.

Der Weg zum Mondscheinwald war lang. Sie brauchten zwei Tage. Als sie endlich angekommen waren, kamen sie aus dem Staunen nicht mehr heraus. Alles in diesem Wald war silbrig. Leise wehten die Silberpappeln im Wind und streichelten mit ihren langen Ästen über den goldenen See. Aber weder Blu noch Fipp konnten sich lange am See aufhalten. Sie mussten das Einhorn finden!

Nach einer Weile entdeckte Blu einen goldenen Schweif und rief Fipp zu sich. Als sie zusammen näher an das Einhorn herangingen, sahen sie es in voller Pracht. Es war silbern wie der Wald, bis auf den Schweif und die Mähne, die beide aus purem Gold zu bestehen schienen. Sachte näherten sie sich dem Einhorn. Als Fipp auf einen Ast trat, fuhr es herum und sie sahen ihm direkt in die Augen. Was für ein schönes Gesicht es hatte ... und mitten auf der Stirn prangte ein wunderschönes Horn. Es sprach: „Was wollt ihr hier?“ Fipp antwortete: „Wir wollen dich um ein Haar deiner goldenen Mähne bitten, um damit ein Monster zu besiegen!“. Und als das Einhorn dies nicht glauben wollte, erzählte Fipp ihm die ganze Geschichte. Als sie geendet hatte, sprach das Einhorn zögernd, aber deutlich: „Gut, ich werde es euch geben. Aber seid gewarnt! Dort, wo es zum ersten Mal den Boden berührt, da bleibt es kleben für immer und ewig!“ „Gut, ich werde deine Warnung beachten.“, meine Fipp erleichtert. Sie war froh, die erste Aufgabe bestanden zu haben.

In der Nacht gingen sie auf eine Blumenwiese, wo sie die Mondscheinblume finden sollten. Und dort wuchs sie silbrig blau, wunderschön und hell. Fipp traute sich gar nicht, sie zu pflücken, musste es aber trotzdem tun. Als sie bei ihrem Nachtlager angekommen waren, holte Fipp ei-

nen großen Krug, den sie dabei hatten. Ihn füllte sie mit dem Wasser des Sees und stelle die Blume hinein. Danach legte sie sich auf ihre Decke und schlief ein.
Fipp erwachte am Morgen noch vor dem Morgengrauen. Bis die Sonne wirklich aufgegangen war, wollte sie sich die Zeit am Ufer des Sees vertreiben. Und da sah sie sie... Strahlend hell tanzten sie über dem goldenen Wasser und ihre Stimmen ließen das Herz schneller schlagen. So einen lieblichen Gesang hatte Fipp noch nie gehört! „Das müssen sie sein!" dachte sie sich. Und das waren sie - die Morgenfeen. Sie wussten alles. Was in der Zukunft passieren würde, wo sich etwas versteckt hielt oder welche Kreaturen es noch auf dieser Welt gab. Fipp wollte näher heran; sie bestaunen und befragen! Doch in dem Moment ging die Sonne auf und alle Feen waren verschwunden. Traurig ging sie zurück zu Blu. „Ach - da bist du ja!", begrüßte er sie. „Komm, lass uns gehen! Je schneller wir diene Familie gerettet haben, desto schneller bin ich wieder bei meiner Zitronenpastete!"

Also machten sie sich auf den Weg. Es dauerte lange, sehr lange, bis Fipp zum ersten Mal in der Ferne die bunten, leuchtenden Farben des Regenbogens entdeckte. Als sie näher herankamen, konnten sie sogar das goldene Tor mit dem dicken Vorhängeschloss sehen. Neben den großen Säulen, die die schwere Tür hielten, standen zwei Zwerge. Jeder hielt eine silberne Gießkanne in der Hand. Die letzten Meter rannte Fipp, weil sie nicht wusste, wohin mit der ganzen Aufregung, der ganzen Energie. Sie wollte gerade die Tür aufstoßen, da kam einer der Zwerge auf sie zu: „Stopp! Hier darf keiner durch. Übrigens ist die Tür verschlossen und den Schlüssel trägt mein Bruder um den Hals!" Mit diesen Worten ging er wieder zurück zu seinem Platz. Fipp eilte sofort zum zweiten Zwerg und frage diesen: „Gibst du mir deinen Schlüssel, damit ich die Tür aufschließen kann und über die Brücke auf die andere Seite gelange?" Eigentlich wusste sie die Antwort schon. Wahrscheinlich war sie deshalb so überrascht, als der Zwerg sagte: „Ich würde ihn dir geben, wenn du mir als Gegenleistung auch etwas gibst!". Auf einmal fiel es ihr wie Schuppen von den Augen. Natürlich! Was hatten die Elfen noch einmal gesagt? „Du öffnest das Tor mit der Mondscheinblume!" „Ich könnte dir meine Mondscheinblume geben!", sagte sie und holte sofort die leuchtende Blume aus ihrem Beutel. Der Zwerg bekam riesige Augen und nickte so heftig, dass Fipp Angst hatte, ihm würde der Kopf abfallen. Dann riss er ohne ein weiteres Wort den Schlüssel und die Kette, an der er befestigt war, vom Hals und gab sie Fipp. Strahlend nahm er die Blume entgegen, buddelte mit der Schaufel in Loch und setzt sie in die Erde.

Unterdessen hatte Fipp mit dem Schlüssel das Schloss geöffnet. Eilig ging sie hindurch, dicht gefolgt von Blu. „Fipp", sagte er, „ich werde das Monster mit dem Halstuch deines Bruders ablenken!" „Oh, danke Blu!" Fipp war begeistert von dieser Idee. „In dieser Zeit werde ich es festbinden!". „Genau! Denn gemeinsam sind wir stark!"

Mit diesen Worten wagten sie den ersten

Schritt. Sie brauchten nicht lange zu gehen, bis sie es sahen. Das Monster! Es war riesig und grün. Es glich einer Schlange und hatte spitze Zähne wie ein Hai. Die Schwanzspitze war platt. Sie diente wahrscheinlich dazu, seine Beute mit einem kräftigen Schlag zu betäuben. „Nimm dich vor dem Schwanz in acht", zischte Fipp Blu aus dem Mundwinkel zu. „Mach dir um mich keine Sorgen", meine Blu und flog los. Fipp traute sich erst näher heranzugehen, als das Monster sich ganz auf Blu konzentrierte. Mit klopfendem Herzen stand sie da und wusste nicht, was sie tun sollte. Und dann – das Monster hatte ihr den Rücken zugedreht, rannte sie los. Direkt auf das Monster zu! Blitzschnell hatte sie das Einhornhaar aus der Tasche gezogen und schlang es um den massigen Körper. Sie hörten einen Schmerzensschrei, einen Fluch und dann war alles still. Fipp ahnte, was passiert war, hatte aber keine Zeit, sich umzudrehen. Mit zitternden Fingern machte sie einen festen Knoten in das Haar und drückte das lose Ende auf den Boden. Es blieb kleben! Das Mons-

ter war gefesselt!
„Blu!", rief sie, „es ist vorbei!". „Fipp komm, hol mich hier weg!", kam es kläglich von der anderen Seite. „Ich komme - was ist denn ... Blu!!! Fipp war auf die andere Seite gerannt und hatte ihn gesehen. Blu hatte Kratzer im Gesicht und nur noch einen Flügel. Schnell rannte sie zu ihm hin. „Ach Blu!". Sie fing an zu weinen. Da saß sie, ihren kleinen Begleiter in den Armen und weinte. Und dann, wie durch ein Wunder, fing der Flügel an zu heilen, sobald Fipps Tränen ihn berührten. Ein paar Augenblicke später hatte Blu wieder zwei Flügel. Ein Lächeln breitete sich auf seinem Gesicht aus. „Danke", sagte er leise zu Fipp und schlief in ihren Armen ein.
Blu erwachte erst wieder in ihrem zweiten Nachtlager, das Fipp in einem Wald vor der dunklen Burg ihres Feindes aufgebaut hatte. Es war Nacht. Fipp saß auf einem Stein und schaute auf eine helle Stelle in der Dunkelheit. Als Blu ihrem Blick folgte, sah er eine kleine Fee, die in einem hellen Licht erstrahlte. Eine Morgenfee! Fipp ging langsam auf sie zu und als sie

nahe genug herangekommen war, fragte sie die Fee: „Hallo, wer bist du denn? Hast du dich verirrt?" „Oh nein, keineswegs meine Liebe. Ich habe nach dir gesucht, um dir etwas Wichtiges zu sagen!", entgegnete die Fee strahlend. „Du hast nach mir gesucht?" Fipp war sprachlos. „Ja, ganz genau". Die Fee ließ sich nicht beirren. „Ich möchte dir sagen, wie du den Schatten besiegen kannst!" Fipps Herz schlug schneller. „Warum?" Hat er euch auch etwas weggenommen?" „Und ob", die Fee klang nicht mehr ganz so lieblich wie zuvor - eher etwas zornig. „Er hat uns die Gestalt am Tag geraubt! Früher waren wir Tagwesen, aber jetzt müssen wir in der Nach erscheinen. Jede einzelne Fee dankt dir! Du hast das Monster besiegt, an dem wir nie vorbeikonnten. Wir werden dir nun helfen!" „Ja - aber wie?" Fipp wurde unsicher. Es waren ja alles nur kleine, schwache Wesen. Wie konnten die ihr helfen? „Denk doch mal nach!". Auf dem winzigen Gesicht der Fee breitete sich ein Lächeln aus. „Ich weiß nicht", gestand Fipp. „Dann werde ich es dir wohl sagen müssen", meinte die Fee. „Also - der Schatten ist immer im Dunkeln; Licht macht ihn krank und zerstört ihn. Deshalb müssen wir ihn mit ...“ „Licht und Feuer bekämpfen!“, unterbrach Blu die Fee. „Genau!“ „Wunderbar, wunderbar!“ Blu klatschte in die Hände. „Wann begegnen wir uns in dem Kampf?“ „Je früher, desto besser!“, sagte die Fee und mit einem Pfiff erschienen tausend andere Feen. „Wow!“, entfuhr es Blu und Fipp im selben Moment. „Na los, auf was wartet ihr noch?“, fragte die Fee.

Kurz vor dem Tor hielten sie inne. „Na, dann los!“, meinte Fipp. Ihr Herzt klopfte so sehr, dass sie Angst hatte, es würde stehen bleiben. Mit zitternden Fingern öffnete sie das Tor. Der Burghof war verwildert. Efeu wuchs die Wände empor und der Brunnen schient ausgetrocknet. Alles machte einen heruntergekommenen Eindruck. Nur auf der gegenüberliegenden Seite war eine blank polierte und aus bestem Holz angefertigte Tür. Was sich inter dieser Tür befand, wusste Fipp nicht, aber eines war klar: Dort hinten war bestimmt nichts Gutes! Trotzdem ging sie geradewegs auf sie zu, drückte die goldene Klinke herunter und trat in einen runden Saal. An der Decke hingen riesige Käfige, in den viele Elfen und Feen gefangen waren. Auf der anderen Seite stand ein riesiger Stuhl. Dort thronte wahrscheinlich der Schatten. Gerade war er nicht zu Hause. „Wir verstecken uns am besten hinter den großen Säulen und sobald er den Raum betritt, werden wir die Fackeln, die hier überall an den Wänden hängen, anzünden“, meinte eine Fee. Die anderen stimmten zu und so stand Fipp ein paar Sekunden später mit rasendem Herzen gut versteckt hinter einer großen Säule. Es dauerte lange, bis sich die Tür auftat und dann kam er herein. Fipp konnte ihn nicht sehen, aber sie spürte seine Gegenwart, wie die Elfen es ihr erzählt hatten! Sie wusste nicht, was sie tun sollte. Keine einzige Fackel wurde entzündet und Fipp kam sich unendlich verloren vor. Sie sehnte sich so sehr nach ihrem Vater wie nie zuvor. Es kam ihr so vor, als wüssten sie gar nicht mehr, wie es war, in den warmen, schützenden Armen ihres Va-

ters zu liegen. Und dann - auf einmal - wurde der Saal hell erleuchtet! Die Fackeln wurden entzündet und der einzige dunkle Fleck im Raum war der Thron des Schattens. Fipp nahm sich eine Fackel von der Wand und rannte auf den Thron zu. Die Feen hatten wohl nur darauf gewartet, dass sie loslaufen würde, denn im selben Moment flogen auch sie der Dunkelheit zur. Zusammen bildeten sie einen Kreis um den Thron. Und mit einem lauten Stöhnen, das Fipp auf den Boden stürzen ließ, war er weg.
Und für immer war der Schatten besiegt!

Länny und Manfred

Es war einst eine Maus. Die war mausearm und lebte in der Altstadt von Paris. Ein paar Straßen weiter, lebte das hässlichste, grausamste und gefährlichste Geschöpf aller Zeiten. Es war Manfred, das schweinreiche Schwein. Manfred war sehr böse und machte seiner Umgebung das Leben zur Hölle.

Die Maus, die übrigens Länny hieß, lebte in einem Casino. Dort hatte sie sich in einer Ecke ein kleines Mauseloch gegraben und lebte darin. Manfred hingegen wohnte in einer großen Schweinevilla.

Länny pokerte manchmal, weil er das Armsein satt hatte, aber er spielte immer nur um ¼ Kräcker. Doch leider er verlor jedes Mal. Deshalb ließ es mit der Zeit sein. Er konnte es sich gar nicht leisten, zu verlieren, er war ja sowieso schon so arm. Aber er hatte eine alte Büchersammlung, die er oft durchblätterte. Eines Morgens entdeckte Länny eine Seite, die er noch nie zuvor gesehen hatte. Darin stand mit seltsam leuchtender Schrift: „Wenn du die ärmste Maus bist und in einem mickrigen Loch wohnst, so gib nicht auf. Mach dich auf den Weg zum Bäcker Mon Da Rie und kaufe dir am Schrank links eine Mohnstange. Dann wird dir geholfen“ „Das kann nur ich sein“, dachte Länny, „soll ich es wagen und mich auf den Weg machen? Aber puh, die Käsestange wird teuer sein, ich habe doch nur einen Kräcker, um zu zahlen“. Und so schlief er ein. Am nächsten Tag ließ Länny sich den Rat des Buches nochmals durch den Kopf gehen und entschloss sich dann loszugehen, um nachzuschauen, was es mit dem Bäcker Mon Da Rie auf sich hatte und ob er sich die Mohnstange dort überhaupt leisten konnte.

Nach ca. 10 bis 11 Mäusestunden war Länny an der Bäckerei Mon Da Rie angekommen und suchte nach einem Schrank und einer Mohnstange. Aber es gab hier scheinbar keinen Schrank und Mohnstangen auch nicht. Plötzlich entdeckte er eine andere Maus, die Sanla hieß. Sanla hatte gerade ein riesiges Baguette verputzt und sagte zu Länny mit vollem Mund:

„Do drin gübts rischdisch guude Moonstange.“ „Mohnstangen!“, rief Länny erleichtert, denn er war nach den 10 – 11 Mäusestunden echt kaputt. „Aber wo, ich sehe keine“ „Ja, dort“, sagte Sanla verwirrt, weil doch eigentlich jede Maus das Loch, das zu den Mohnstangen führt, kennt. Als Länny im Loch war und sich umblickte, kam es ihm vor, als sei er im Mäusehimmel angekommen. Er war wirklich verdutzt: Das gab's doch nicht. Länny sah tatsächlich in der Ecke einen Schrank, gefüllt nur mit Mohnstangen, die nur ¼ Kräcker kosteten. Länny kaufte sich gleich zwei Stangen. Eine für seinen Hunger und die andere, na ja... er war noch ein bisschen unsicher. Er glaubte zwar immer mehr daran, dass sich die gute Prophezeiung des Buches erfüllen könnte, aber, wie eine alte Mäuseweisheit sagt: „Lobe nie den Schimmelkäse, bevor du ihn nicht probiert hast!“

Einige Wochen später war es Mausetag, was den Menschen in Paris als Weihnachten bekannt war. Länny bekam vom „Mauselaus“ in seinen Mäusestrumpf einen Zettel. Darin stand:

„Wenn du die besondere Mohnstange hast, so lege sie in ein Tuch und begrabe sie“. „Die schöne Stange soll ich begraben“ dachte Länny, „vielleicht soll ich auch noch ein Denkmal setzen? Aber was soll's, ich mach's. Hoffentlich hat es auch einen Sinn, sonst muss ich mir noch eine kaufen“. Länny begrub die Mohnstange und plötzlich, als er sie völlig mit Erde zugedeckt war, erschien Käsius der Mausekönig und gab ihm mit diesen Worten einen Zauberkräcker: „Wenn du von diesem Kräcker isst, so wird dir geholfen.“ Und schon war er wieder weg. Das einzige, was noch übrig war, war der Kräcker.

Einige Wochen später kam der furchtbare Manfred in das Casino und schrie: „Jede Maus muss gegen mich Pokern. Wenn ich einmal verliere, dann gehe ich aus der Stadt. Sollte ich jedoch gegen euch alle gewinnen, dann müssen alle Mäuse aus der Stadt verschwinden“. Alle zuckten zusammen. Manfred war der beste Pokerspieler von Paris! Doch man konnte nichts machen. Das Spiel begann. Eine Maus nach der anderen verlor gegen Manfred im Pokerspiel, sogar der beste Mäusepokerspieler Lanaru hatte verloren. Jetzt war Länny an der Reihe. Bevor er sich jedoch an den Pokertisch setzte, biss er noch schnell in den Zauberkräcker. Manfred teilte die Karten aus. Als Spieleinsatz hatte Manfred 100 Kräcker, Länny nur ½ Kräcker. Manfred zog Doppel-Bube und meinte, er habe schon gewonnen. Länny glaubte zu träumen: er hatte Doppel-Ass. Länny atmete tief ein und ließ sich nicht aus der Ruhe bringen, als Manfred alles setzte, was er hatte. Beide drehten die Karten um: Manfred verlor und fing an zu weinen. Keiner bemerkte dies, weil Länny sofort gefeiert wurde. Doch Länny bemerkte nach einer Weile, dass Manfred weinte und hatte Mitleid und sagte: „Du musst nicht die Stadt verlassen. Du kannst mit uns Mäusen deine Villa teilen und wir können friedlich miteinander leben!" „Das würdet ihr tun?" fragte Manfred gerührt. „Ja, dann wären alle gleichberechtigt, Freunde und hätten genug zu Essen".

Ja – Wunder geschehen überall.

Der steinerne Löwe

Es war einmal ein Mädchen, dessen Mutter schwer erkrankt war. Wie jeden Morgen wachte das Mädchen in voller Verzweiflung auf. Es liebte sie sehr und wusste nicht, was sie tun sollte. Ihre Mutter schlief den ganzen Tag und das Mädchen namens Anna trieb sich oft im Dorf herum, auf der Suche nach einem Mittel gegen die Krankheit ihrer Mutter, die keiner bestimmen konnte.

Eines Tages, als es regnete, setzte sich Anna an den Bettrand ihrer Mutter. Plötzlich schlug Annas Mutter die Augen auf und sagte: „Hallo mein Kind - schön dass du zu mir gekommen bist. Ich habe ein Geschenk für dich." Sie pfiff leise, ein kleines Eichhörnchen kam auf das Bett gesprungen und meinte: „Hallo Anna, heute ist dein 12. Geburtstag." Anna antworte verdutzt: „Aber heute ist doch gar nicht mein 12. Geburtstag. Der ist erst in einem Monat!" „Ja, ich weiß", antwortete Mipsi (so hieß das Eichhörnchen). „Aber heute ist dein magischer Geburtstag!"

„Ah, mein magischer Geburtstag“, antworte Anna, obwohl sie nichts verstand. Inzwischen war Annas Mutter wieder eingeschlafen und Anna ging mit Mipsi auf ihr Zimmer. Erst jetzt fiel Anna auf, dass Mipsi sprechen konnte, aber sie ließ es sich nicht anmerken. Auf dem Zimmer angekommen fragte sie Mipsi, warum er gerade heute zu ihr gekommen wäre. Da antwortete er: „Nun, weil du nur in einem Monat, also an deinem richtigen 12. Geburtstag, vom steinernen Löwen, der im Wald des Wechsels haust, die drei Rätsel bekommst, die dich zum wispernden Wald führen, wo du den Sternenklee findest, der diene Mutter heilen wird.“ Da rief Anna aufgeregt: „ Es gibt also doch ein Mittel gegen die Krankheit meiner Mutter!“ „Ja“, sagte Mipsi, „und ich werde dich auf deinem Weg begleiten und dein Gehilfe sein.“ „Danke Mipsi!“, antwortete sie, während sie vor Freude wie ein Floh in ihrem Zimmer herum hüpfte.

Als sie sich wieder beruhigt hatte, fragte sie: „Wo ist denn der Wald des Wechsels?“ „Wo er liegt, weiß niemand, man weiß nur, dass er zwar einen schönen Namen hat, aber in ihm genau 1001 Gefahren lauern." „Aber der steinerne Löwe ist doch lieb, oder?", sagte Anna mit hoffendem Blick. Mipsi antwortete: „Ja, der Löwe und seine Helfer sind die einzigen freundlichen Wesen in diesem Wald." „Und wann gehen wir los?" „Sobald wie möglich", meinte Mipsi. „Gut", sagte Anna, „ich schreibe nur noch einen Abschiedsbrief an meine Mutter, dann gehen wir los."

Als der Brief fertig war, brachen sie auf. Sie gingen weiter und weiter und sie mussten sich beeilen, sonst kämen sie womöglich nicht pünktlich an ihrem 12. Geburtstag beim steinernen Löwen an. Nach einer Woche laufen standen sie vor einem Berg. Mipsi sagte: „Es muss hier sein!" und kletterte den Berg einen Meter hinauf und wieder hinunter, ihm war nämlich unterwegs eingefallen, dass der Eingang zum Wald des Wechsels in einem Berg lag, den man nur öffnen konnte, wenn ein Eichhörnchen einen Meter hoch und wieder hinunterkletterte. Und da geschah es: Eine große runde Felsplatte schob sich beiseite und der Eingang wurde frei. Sie gingen hinein und erst als sie 10 Meter vom Eingang entfernt waren, schloss sich die Felsentür und es blieb ein paar schrecklich lange Momente stockdunkel und totenstill. Dann fiel Licht herein. Anna sah sich um und war alleine. Ihr blieb fast das Herz stehen, so sehr war sie erschrocken. Dann rief sie leise: „Mipsi, wo bist du?“ Doch es kam keine Antwort. Da weinte sie los, und weinte, und weinte. Es dauerte mindestens eine halbe Stunde, bis sie sich beruhigte. Sie lief immer noch mit Tränen in den Augen weiter dem Licht entgegen, bis sie zu einem großen Tor kam. Dort blieb sie stehen und lauschte. Es war still, nur der Wind rauschte von der anderen Welt herein. Anna hatte Angst. Sie hatte sogar solche Angst, dass es sich anfühlte, als würde ihre Angst auf die Größe einer Wassermelone anwachsen, während ihr Mut auf die Größe einer Erbse schrumpfte. So stand sie da und rief wieder: „ Mipsi, Mipsi wo bist du?“ Da hörte sie hinter sich ein huschendes Geräusch. Anna zuckte zusammen, aber im selben Moment hörte sie Mipsis Stimme, drehte sich um und sah das Eichhörnchen auf dem Boden sitzen und essen. Als Anna das sah, wusste sie nicht, ob sie ihn ausschimpfen sollte oder ihm vor Freude um den Hals fallen (soweit man das bei einem Eichhörnchen machen kann). Sie entschied sich für das Freuen, rannte auf Mipsi zu und hockte sich vor ihn. Der Eichkater sprang auf Annas Schoß und sagte: „Es tut mir leid, dass ich so plötzlich verschwunden bin! Aber ich wollte noch etwas Proviant holen - ich hätte mich abmelden sollen.“ „Ja das stimmt“, sagte Anna, „wenn das nicht wieder vorkommt, dann verzeihe ich dir.“ „Gut“, meinte Mipsi, „dann wollen wir jetzt gehen, oder?“ „Ja, gehen wir!“, sagte auch Anna.

Sie gingen los, zu zweit, der Eichkater auf Annas Schulter. Die beiden kamen durch das Tor und plötzlich veränderte sich alles. Anna wurde auf einmal so klein wie Mipsi und Mipsi wurde so groß wie Anna! Das erschreckte zuerst beide, doch dann fanden sie es lustig, mal größer oder kleiner als sonst zu sein. Dies änderte sich jedoch schnell, denn sie kamen nicht so gut mit ihrer neuen Größe zurecht. Und das wiederum wurde ihnen bald zum Verhängnis: Als sie gerade eine Lichtung überquerten und wieder in den dichten Wald einbiegen wollten, tat sich plötzlich vor ihnen der Boden auf und sie mussten sich einen Brücke über den Abgrund bauen. Dies war schwierig, da beide Probleme damit hatten, Sachen anzuheben, geschweige denn zu klettern. Als die Brücke nach zwei Tagen fertig war, blieben ihnen nur noch zwei Wochen Zeit.

Nach einer Woche fanden sie endlich die Lichtung mit dem steinernen Löwen, der auf einem Sockel mit einer Inschrift stand. Mipsi und Anna entzifferten die Inschrift: „Dies ist nicht der wahre steinerne Löwe, der echte Löwe steht eine Meile von hier nach Osten." Also gingen Anna, die immer noch so klein wie ein Eichkater war, und Mipsi, der ebenfalls noch immer die Größe von Anna hatte, los und genau nach einer Woche und zwei Tagen kamen sie morgens verschlafen und zerkratzt beim echten steinernen Löwen an. Dieser begrüßte sie freundlich: „Hallo ihr zwei, ich weiß, was ihr wollt: die Rätsel, die euch zum wispernden Wald führen, nicht wahr?" „Ja, das stimmt, aber vorher habe ich noch eine Bitte. Kannst du uns wieder zurückverwandeln?" „Ja, das kann ich machen." Er hauchte jeden einmal an und Mipsi und Anna hatten wieder ihre alte Größe zurück. „So, jetzt werde ich euch die Rätsel stellen, dann werde ich euch zum wispernden Wald bringen." „In Ordnung!", sagte Anna, die müde war. Der Eichkater schlief schon in ihren Armen. Da sagte der Löwe Arlei: „Ich sehe, ihr seid sehr müde. Ruht euch erst einmal aus. Ich werde euch zwar die Rätsel heute geben, aber morgen könnt ihr damit beginnen. „Oh, vielen Dank", murmelte Anna nur noch und dann schlief sie ein. Am nächsten Morgen wachten sie von Arleis Gebrüll auf, der gerade mit einem seiner Helfer spielte und ihm das Kämpfen beibrachte. Als Arlei bemerkte, dass Anna und Mipsi wach geworden waren, hörte er auf und sagte: „Endlich seid ihr wach, habt ihr gut geschlafen?" „Ja, danke", meinte Mipsi, der jetzt glockenwach war, „von mir aus können wir anfangen." Anna war auch einverstanden. Dann bekamen sie die Rätsel:

1. Was wird größer, wenn man etwas davon wegnimmt?
   „Ein Loch!", antworten beide im Chor.
2. Was hat Arme, jedoch keine Beine und es läuft und bewegt sich doch nicht von der Stelle?
   Auch diese Frage beantworte Mipsi richtig: „Ich glaube, das ist ein Fluss".
   Die dritte Frage lautete:
3. Was geht durch Glas, ohne dass das Glas zerspringt? Was kommt durch Hecken, ohne dass es raschelt?
   „Licht!", rief Anna gleich und sie hatten alle Rätsel gelöst.

„Das habt ihr gut gemacht! Jetzt werde ich euch begleiten." So gingen sie los zum wispernden Wald, den sie bald erreichten. „Ab hier müsst ihr alleine gehen. Ich warte hier auf euch", verabschiedete sich Arlei. Anna sagte noch: „Gut wir werden uns beeilen." Dann huschte Mipsi

vor und Anna rannte hinterher. Bald wurde es Abend und Nacht. Dann erreichten sie die Lichtung, die ihnen Arlei beschrieben hatte.
Da sahen sie den Sternenklee. Anna ging langsam auf den weißgold schimmernden Klee zu. Da sprang plötzlich ein riesiges Monster auf sie zu und sagte: „Was wollt ihr hier? Ich bin der Wächter des Sternenklees. Wenn ihr etwas von dem magischen Klee wollt, dann müsst ihr gegen mich kämpfen." „Gut, wir wollen etwas von dem Sternenklee, aber warte, wir müssen uns erst noch einmal ausruhen." Da meinte das Monster: „Na gut, ich werde mich auch ausruhen." Dann ging Anna mit Mipsi zu Arlei und fragte ihn: „Wie können wir das Monster besiegen, das den Sternenklee bewacht?" „Das Monster könnt ihr nicht mit Gewalt besiegen. Ihr braucht dazu ein Stück aus meiner Mähne." „Aber die ist doch aus Stein", meldete sich Mipsi zu Wort. „Ja, ich weiß", sagte Arlei, „deswegen müsst ihr warten, bis es Nacht ist. Nachts werde ich nämlich zu einem Löwen aus Fleisch und Blut." Als es Nacht war, gab Arlei Ihnen ein

Stück seiner Mähne und wünschte ihnen viel Glück. Als Anna mit Mipsi auf der Schulter wieder an die Lichtung kam, sah das Monster sie gleich und stürzte sich auf sie. Mipsi rannte so schnell er konnte immer um das Monster herum, so dass es einen Drehwurm bekam. Als der richtige Moment gekommen war, warf Anna das Knäuel Mähne auf das Monster und es erstarrte zu Stein. Anna rannte so schnell sie konnte zum Sternenklee, kniete sich hin und pflückte zwei Stängel, auf denen die Blätter wie Sterne saßen. Anna schaute sie lange an, dann lief sie zurück zu Mipsi, der erschöpft auf dem Boden lag. Sie nahm ihn auf den Arm und lief mit dem Sternenklee zu Arlei, der schon auf sie gewartet hatte und sagte erschöpft: „Wir haben es geschafft. Kannst du uns nach Hause bringen?“ „Nein, das kann ich nicht, aber ich zeige euch eine Abkürzung in eure Welt. Steigt auf meinen Rücken, ich bringe euch zur Pforte, dann steht ihr genau vor deinem Dorf, Anna.“ „Oh danke!“, sagte Mipsi, der schon wieder eingeschlafen war. Dann ritten sie auf dem Löwen

vor die Pforte in die andere Welt und Arlei verabschiedete sich.
Und wie Arlei es gesagt hatte, sie standen genau vor ihrem Dorf. Mipsi und Anna sahen sich noch einmal um und gingen dann zu ihrem Haus. Als Anna in das Zimmer ihrer Mutter kam, war diese wach und weinte. Da sagte Anna: „Hallo Mama, ich bin wieder da." Da hörte ihre Mutter auf zu weinen und fing doch gleich wieder an, aber diesmal vor Freude. Anna lief zu ihrem Bett und sagte: „Ich habe ein Mittel gefunden" und hielt ihrer Mutter den Sternenklee unter die Nase. Sie sagte: „Ich werde dir daraus einen Tee kochen", und lief in die Küche. Als der Tee fertig war und die Mutter ihn getrunken hatte, sagte sie: „Ich glaube, das Mittel hat gewirkt." Dann zog sie sich an und umarmte Anna und Mipsi so überschwänglich, dass Anna fast keine Luft mehr bekam und Mipsi vor Schreck von ihrer Schulter hüpfte. So standen sie noch lange da und freuten sich.
Und wenn sie nicht gestorben sind, dann leben sie noch heute.

Die verwunschene Rose

Es war einmal ein armes Mädchen namens Elisabeth. Sie war 18 Jahre alt. Sie und ihr Vater lebten in einem fernen Lande im Süden, in einer kleinen Hütte am Waldesrand. Ihre Mutter war nach ihrer Geburt gestorben. Elisabeth war ein sehr bescheidenes Mädchen, denn sie fand es nicht schlimm, arm zu sein. Sie kannte gar kein anderes Leben, als den ganzen Tag zu schuften. Doch eines Tages sah Elisabeth, wie eine goldene Kutsche an ihrem Haus vorgefahren kam. Sie schaute durch ihr kleines Fensterchen aus ihrem Zimmer. Aus der Kutsche stieg eine große, schlanke und blonde Frau. Elisabeth staunte, denn diese Frau hatte ein auffallendes Kleid, mit vielen Röschen und Edelsteinen bestickt. Sie trug dazu gold schimmernde Ohrringe, die in der Mitte einen gigantischen Diamanten hatten. Am Hals trug sie eine elegante Kette. Am schönsten aber fand Elisabeth die goldglänzende Krone auf ihrem Kopf. Auf einmal sah sie, wie die unbekannte Frau mit ihren kleinen Fingerchen zu schnipsen begann und ein Mann erschien. In den Händen trug er ein goldenes Tablett und darauf war ein Glas mit Rotwein zu sehen. Er verbeugte sich vor der unbekannten Dame und sie nahm das Glas. Elisabeth dachte: Warum kann ich nicht auch so reich sein?! Sie rannte zu ihrem Vater und fragte ihn: „Vater, siehst du diese hübsche Frau vor unserem Haus? Wer ist sie denn?" Da antwortete der Vater ängstlich: „Ja, ich sehe diese Frau, das ist die Königin Juliana. Ich arbeite auf ihren Feldern und sie bezahlt mich. Ich bekomme leider nicht so viel Geld, deswegen kann ich unsere Schulden nicht abbezahlen. Sie kommt um das Geld zu kassieren. Aber ich habe es nicht!" „Oh Vater, wie können wir dieses Problem nur lösen?", fragte Elisabeth traurig. „Ich hätte da eine Idee, aber du wärst dann viel zu traurig", sagte der Vater. Da fragte Elisabeth neugierig: „Komm, sag schon! Was hast du denn für eine Idee? Sag schon. Bitte!" Da antwortete der Vater: „Na gut, aber es ist nur ein Vorschlag: Ich möchte dich bitten, von mir weg zu gehen, weil

das Geld für uns beide nicht reicht. Du bist jetzt alt genug. Vielleicht findest du dein Glück anderswo."
Elisabeth war sehr traurig, aber was sollte sie denn sonst machen? Sie packte ihre Sachen und verabschiedete sich von ihrem Vater. Weinend verließ sie das kleine Dorf. Nach langem Fußmarsch setzte sie sich auf einen großen Felsen und aß hungrig ein Stück trockenes Brot. Sie sah hoch zum Himmel hinauf. Die Sonne war schon längst untergegangen. Sie überlegte, wo sie schlafen könnte. Auf einmal sah sie vor sich einen großen dunklen Wald und beschloss hineinzugehen. Sie ging tiefer und tiefer in den Wald hinein und fand auf einmal eine kleine Höhle und ging hinein. Dort sah sie eine weiße Taube. Elisabeth fragte sie: „Hallo ich bin Elisabeth. Wer bist du und was machst du hier?"
„Hallo. Ich heiße Antike und das ist mein Haus", antwortete die Taube. Sie unterhielten sich eine Weile und dann schliefen sie ein. Am nächsten Morgen wachten sie auf. Beide machten sich auf die Suche nach Essen. Unterwegs

sah Elisabeth etwas im Busch glänzen. Sie ging näher heran und sah, dass es eine weiße Rose war. Elisabeth nahm die Rose in die Hand und sagte zu Antike: „Schau mal. Eine Rose. Guck mal, wie schön sie glänzt.“ „Ja, wirklich schön. Aber ich glaube es ist keine gewöhnliche Rose“, meinte Antike. Und genau als Antike es gesagt hatte, wurde die weiße und glänzende Rose immer größer und größer. Elisabeth staunte. Da fing die Rose an zu sprechen und sagte: „Guten Morgen. Ich heiße Rosi und bin eine von den seltenen Wunschrosen. Jeder, der mich entdeckt, darf sich etwas von mir wünschen.“
Elisabeth dachte an die Königin Juliana und wusste sofort was sie sich wünschen sollte und sagte, ohne zu überlegen, glücklich: „Ich weiß, was ich mir wünsche: Ich wünsche mir, dass ich genauso reich werde wie die Königin Juliana und Antike soll mein Haustier sein! Ja, das wünsche ich mir von ganzem Herzen!“ Als Rosi diesen Wunsch hörte, sagte sie glücklich: „Du möchtest genauso reich wie Königin Juliana sein und, dass Antike dein Haustier wird? Na

gut. Ich habe gesagt, dass ich alle deine Wünsche erfüllen werde und das mache ich jetzt auch.“ Nachdem Rosi es ausgesprochen hatte, verschwand sie und alles um Elisabeth herum drehte sich. Ihr wurde schwarz vor den Augen und sie schlief ein. Als sie erwachte, lag sie in einem wunderschönen Himmelbett. Das Bett war in einem Zimmer mit weißen Rosen. Plötzlich kam eine Frau mit einem schwarzem Kleid in das wunderschöne Zimmer und rief herzlich: „Guten Morgen Prinzessin Elisabeth! Haben Sie gut geschlafen?“ Verwundert sagte Elisabeth: „Ja, ich habe gut geschlafen, aber wo bin ich hier und wer sind Sie?“ Da antwortete die Frau lachend: „Majestät, möchten sie mich auf den Arm nehmen? Ich bin doch ihre Dienerin Clara. Sie können mich doch nicht in der Nacht vergessen haben. Sie sind in ihrem Schlafzimmer in ihrem Königreich. Gefällt ihnen das nicht mehr?“ „Natürlich gefällt es mir und natürlich habe ich dich auf den Arm genommen!“, flunkerte Elisabeth schnell. „Sehr witzig, Majestät! Kommen Sie. Stehen Sie auf. Ich muss Sie für das Frühstück fertig machen“, sagte die Dienerin Clara. Elisabeth stand auf und wollte gerade eine Hose anziehen, die auf dem Boden lag, doch dann sagte Clara verwundert: „Was machen sie denn da? Sie können doch nicht einfach diese schmutzige Hose anziehen! Außerdem ziehe ich Sie an, Majestät.“ Elisabeth dachte, was hier nur passiert sein könnte, doch dann fiel ihr wieder der Wunsch ein und sie freute sich, dass alles geklappt hatte. Elisabeth benahm sich, als ob es schon immer so gewesen wäre. Sie antwortete der Dienerin: „Du hast ja recht Clara. Ich bin heute etwas durcheinander. Ziehen Sie mich jetzt bitte an. Und wo ist eigentlich meine hübsche Antike?“ Die Dienerin holte Antike sofort und fragte: „Was möchten sie denn anziehen? Das rosaneue oder das weiße Kleid?“ Elisabeth antwortete: „Ich möchte das rosaneue Kleid haben. Sie zog das Kleid an und ging frühstücken. Dabei fiel ihr eine Frau auf, die ihr genau gegenüber saß. Sie schnipste einmal mit den Fingern, so wie Königin Juliana es getan hatte, und schon war Clara da. Elisabeth fragte flüsternd:

„Clara, wer ist denn diese Frau da?" Clara sagte kichernd: „Das ist ihre Mutter Majestät." Elisabeth dachte: Oh mein Gott, meine Mutter lebt! Aber sie wollte nicht auffallen und tat so, als ob sie ihre Mutter jeden Tag sehen würde und fragte: „Wo ist dann mein Vater?" „Wir wissen das nicht! Leider, aber sie wissen das doch. Warum fragen sie denn Majestät?", sagte Clara. Elisabeth nickte nur, denn sie wusste nicht, was sie darauf antworten sollte. Sie rannte erst einmal zu ihrer Mutter und umarmte sie, denn sie hatte ihre Mutter seit ihrer Geburt nicht mehr gesehen. Ihre Mutter erschrak, freute sich aber sehr. Elisabeth verabschiedete sich noch einmal kurz und rannte aus dem Königreich heraus. Die Dienerin Clara und Elisabeths Mutter fragten gleichzeitig: „Wo willst du denn hin?" Elisabeth antwortete: „Ich werde jetzt meinen Vater suchen! Ich weiß nicht, wann ich zurückkomme! Macht euch keine Sorgen!" Und sie rannte einfach weg. Sie suchte überall: Am See, in einem kleinen Dorf und auf den Feldern, aber sie fand ihn nicht. Plötzlich hörte sie Schritte und sie wurden immer schneller und lauter. Sie bekam Angst und rannte weg, doch da überholte sie der Unbekannte. Es war ein hässlicher Mann, der Elisabeth umbringen wollte. Er nahm ein Messer aus seiner Tasche und hielt es direkt an ihren Hals. Der unbekannte Mann sagte: „Tja! Prinzessin. Mach ich deine Schuhe schmutzig und dein Gesicht?“ Elisabeth schrie: „Hilfe! Hilfe!“ Da kam ein sehr, sehr hübscher junger Mann angerannt und schrie:„ Prinzessin Elisabeth ich rette dich!“ Er schnitt dem hässlichen Mann die Hand ab und der Mann starb. Elisabeth und der Junge rannten weg. Elisabeth sagte: „Danke, dass du mir geholfen hast! Wer bist du?“ „Ich bin Mark der II. Ich habe dich schreien gehört und dann musste ich dich retten, ein so hübsches Mädchen kann man nicht sterben lassen. Ich bin 19 Jahre alt und du?“ Elisabeth wurde ganz rot. Sie hatte sich wirklich verliebt. Und das auch noch in Mark den II. Sie sagte: „Ich bin auch 19 Jahre alt. Und ich finde dich auch sehr hübsch!“ Beide wurden rot und die Sonne ging unter. Sie schauten sich in die

Augen und küssten sich auf den Mund. Sie liefen Hand in Hand den Weg hinunter und Elisabeth erzählte von ihrem Vater, den sie suchte und Mark half ihr, ihren Vater zu finden. Sie fanden ihn im Wald. Er hatte sich verlaufen. Elisabeth schrie:" Vater ich bin´s deine Tochter. Wir suchen dich! Komm in unser Königreich!" Sie umarmten sich und erzählten ihm alles. Da fragte ihr Vater: „Du, Elisabeth, wer ist denn dieser Mann da?" „Das ist mein Freund", sagte sie glücklich und hielt Marks Hand. Sie gingen in ihr Königreich und alle waren glücklich, auch Antike. Elisabeth war nun Prinzessin und hatte einen hübschen Freund und endlich eine Mutter.

Und wenn sie nicht gestorben sind dann leben sie noch heute.

Das Loch in der Mauer

Es war einmal vor sehr, sehr langer Zeit ein König, namens Mohamed. Er hatte eine sehr intelligente Tochter mit Namen Marie. Sie wohnten in einem Schloss zwischen Wald und Feld. Im Schloss arbeiteten die Köchin Johanna und die Putzfrau Lea. Alle waren sehr freundlich zueinander. Eines Tages, als Marie gerade ihr Blumenbeet begoss, fiel ihr etwas auf. Hinter dem Busch fand sie ein Loch in der Schlossmauer! Sie schlüpfte neugierig hindurch. Als sie auf der anderen Seite war, standen um sie herum nur Bäume. Plötzlich sah sie nicht weit von sich entfernt ein kleines Mädchen ganz allein auf einem Baumstumpf sitzen. Marie ging langsam auf sie zu und fragte: "Wer bist du denn?" Das Mädchen antwortete: „Ich heiße Lotta und wer bist du?" „Ich heiße Marie und wohne in dem großen Schloss, hinter dieser Mauer." Daraufhin sagte Lotta: „Ich lebe schon länger in diesem großen Wald." „Wo sind denn dein Vater und deine Mutter?", fragte Marie. Lotta antwortete: „Das weiß ich auch nicht. Ich war schon immer ganz alleine. Wollen wir vielleicht Freunde sein?" Daraufhin erwiderte Marie: „Ja, aber jetzt gehe ich erst einmal nach Hause und hole ein ordentliches Kleid und ein Stück Brot für dich. Mein Vater mag es nämlich nicht, wenn ich Freunde mit nach Hause bringe." Marie ging also durch die Öffnung zurück ins Schloss. Dort holte sie ein schönes Kleid aus ihrem Schrank und ein Stück Brot aus der Küche. Nun ging sie wieder zurück zu ihrer neuen Freundin. „Hier ist das Brot und ein Kleid für dich", rief Marie Lotta zu und verabschiedete sich. Von diesem Tag an trafen sie sich jeden Tag an der Öffnung, um Gedichte und kleine Geschichten zu dichten. Das machen sie nämlich sehr gern. Eines Tages als sie wieder einmal beim Dichten waren, passierte plötzlich etwas Wunderbares. Lotta hatte gerade ein Gedicht fertig geschrieben, da wurden ein paar Blätter an den Bäumen blau, genau so wie sie es in ihrem Gedicht gesagt hatte. Nun wurde Marie klar: "Lotta, du kannst ja hexen!" Daraufhin überlegten sie sich, wie Lotta beim

König einen guten Eindruck machen könnte. Sie schlüpften beide durch die Öffnung in den Schlossgarten und gingen direkt in den Königssaal. König Mohamed sagte: „Na Marie, wer ist denn das?“ „Das ist meine Freundin Lotta, ich möchte fragen, ob sie vielleicht bei uns wohnen darf. Sie hat keine Eltern und lebt alleine im dunklen Wald.“ „Nun ja“, sagte Mohamed „dazu muss sie zwei gefährliche Prüfungen bestehen. Im Geheimen dachte er: „Das schafft sie nie!“ Doch die beiden Mädchen freuten sich sehr und liefen in den Schlossgarten, um zu spielen. Nach ein paar Tagen erfuhren sie, dass bald ein Ritterturnier stattfinden sollte. Endlich war es so weit. Heute konnte Lotta vielleicht ihre erste Prüfung ablegen! Die Ritter standen aufgereiht am Start. Für die ersten beiden erklang schon das Startsignal. Als sie heftig aufeinander losgingen, stieß einer der beiden den anderen so heftig, dass er vom Pferd hinunter fiel und laut aufschrie. Er blieb regungslos liegen. „Wahrscheinlich ist er bewusstlos“, dachte Lotta. Sie zauberte schnell einen Kräutertrank und tröpfelte ihn dem Verletzten auf die Stirn. Der schlug nach einiger Zeit die Augen auf. Daraufhin sagte Mohamed: „Das hast du gut gemacht, damit hast du die erste Prüfung bestanden." Gleich am nächsten Tag folgte die zweite Prüfung. Lotta sollte einen goldenen Ring, ein Familienerbstück, aus dem tiefen, dunklen Schlossbrunnen holen. Es hatten schon viele versucht, doch niemand hat sich bisher an den dicken, fetten und schleimigen Kröten vorbeigetraut, die auf der Brunnenleiter hockten. Lotta steckte mutig ihren Kopf über den Brunnenrand und murmelte eine Zauberformel. Dann fragte sie die Kröten: „Könnt ihr mir helfen, den Ring aus dem Brunnen zu holen?" Freundlich quakend hüpften sie auf den Grund des Brunnens. Mit dem Ring im Maul kam die größte wieder nach oben und gab ihn Lotta. Die brachte den Ring zum König, der glücklich sagte: „Vielen Dank Lotta, du darfst jetzt bei uns im Schloss wohnen." Und Lotta und Marie lebten dort glücklich, bis an ihr Lebensende.

Die verwunschene Gans

Es war einmal in einem großen Königreich. Dort lebte eine schöne, aber unglückliche Prinzessin. Sie war von tiefer Trauer erfüllt. Vor langer Zeit war ihr Vater von einer bösen Hexe in eine unsichtbare Gans verwandelt worden. Seit dieser Zeit irrte er nachts im Schloss umher. Er konnte nur erlöst werden, wenn er sichtbar wurde.

Am Abend vor ihrem 18. Geburtstag wollte die Prinzessin noch einen Kuchen für ihre Gäste backen. Eifrig ging sie in die Küche des alten Schlosses umher. Sie hatte schon alle Zutaten beisammen, nur das Mehl fehlte. Dieses stand jedoch hoch oben in einem Schrank. Geschwind stieg sie auf einen alten Schemel und holte das Mehl. Da plötzlich krachte der Schemel zusammen, und sie ließ erschrocken das Mehl fallen. Die Mehltüte schlug auf dem Boden auf und erzeugte eine große Staubwolke. Als sich nach einer Weile die Staubwolke gelegt hatte, entdeckte die Prinzessin eine weiße Gans. Vorsichtig näherte sich die verwunderte Prinzessin der weißen Gans. Diese aber verblasste langsam. An ihrer Stelle erschien ihr Vater. Nachdem sie ihren großen Schrecken überwunden hatte, fiel sie ihrem Vater in die Arme. Dass sie ihren Vater wiederhatte, war das schönste Geburtstagsgeschenk ihres Lebens. Und die Prinzessin und ihr Vater lebten glücklich und zufrieden bis ans Ende ihrer Tage.

Georg und das magische Schwert

Es waren einmal vor langer, langer Zeit ein König und eine Königin, die drei Kinder hatten. Der König hieß George King und seine Frau Elisabeth. Die drei Kinder hießen Richard, Emely und Georg. Richard war der älteste. Er sollte bald zum Ritter geschlagen werden. Emely war die zweitälteste, doch sie mochte weder heiraten noch sonst irgendetwas; sie war einfach zickig. Georg dagegen war ganz anders. Er war klein, schmächtig und keiner in der Familie mochte ihn. Sie hielten ihn für verrückt, denn Georg sah Dinge, die andere nicht sehen konnten, zum Beispiel Zwerge, Trolle und Zauberer. Immer wenn er ins Schloss gerannt kam und „Vater, Vater ich habe sie wieder gesehen.", rief, lachte der nur. Doch mit der Zeit verwandelte sich sein Lachen in pure Wut.

An einem Morgen dann, gerade als er aufstand, ging er im Schlafanzug nach draußen. Dort sah er sich um und erblickte einen Zwerg. Der Zwerg sprang grinsend von Baum zu Baum. Georg rieb sich die Augen. Ist das ein Traum? Ja, das musste ein Traum sein. Die gibt es nicht. „Mein Vater sagt es gibt keine Zwerge, Trolle und Zauberer.“, sagte er sich. Doch umso mehr er sich die Augen rieb, desto näher kam der Zwerg. Als sich Georg das dreizehnte Mal die Augen gerieben hatte, stand der Zwerg direkt vor ihm. Jetzt erkannte Georg, dass der Zwerg ein Buch bei sich trug. Er fragte: „Was bist du? Du bist doch kein Zwerg oder? Denn mein Vater sagt es gibt keine Zwerge.“ Gerade als der Zwerg den Mund aufmachen wollte, kam Georgs Vater auf sie zugelaufen. Georg drehte sich zu seinem Vater um, doch bei dessen Gesichtsausdruck drehte er sich gleich wieder zurück. Gerade als er auf die Stelle blickte, wo eben noch der grinsende Zwerg gestanden hatte, war er verschwunden. Georg war wie versteinert. Sein Vater rief ihm wütend zu: „Was machst du denn hier draußen?“ Doch als er sah, dass Georg nur auf eine Stelle starrte, schien er die Antwort bereits zu wissen. „Ah, du suchst wieder nach deinen Freunden, den Zwergen, Trollen und

Zauberern", sagte er. „Warte Vater, es ist nicht so wie du denkst.", sagte Georg. Aber sein Vater schien es völlig überhört zu haben, denn er brüllte: „Es gibt keine Zwerg, Trolle und Zauberer." Dann packte er Georg am Genick und schleifte ihn ins Schloss. Der Zwerg sprang plötzlich hinter einem Baum hervor. Er hatte alles gehört. Dann rannte er los, um Georg zu retten und seinem Vater einen Tritt in den Hintern zu geben. Doch anscheinend hielt ihn etwas auf, denn in der Mitte des Weges blieb er stehen, gab sich eine Backpfeife und rannte davon.
Georg konnte zwar nicht gerettet werden, aber man erfuhr jetzt, dass Zwerge existieren. Leider weiß Georg das noch nicht. Apropos Georg -- Georg wurde gerade von seinem Vater der Hintern versohlt. Georg schrie, als die Hand von seinem Vater auf seinem Hinterteil aufschlug. Als Georgs Mutter den Schrei hörte, kam sie herbeigeeilt. Sie fragte: "Was tust du da, George?" Ihr Mann antwortete: „Ich schlag ihn zu Brei." Seine Frau fragte daraufhin: „ Wieso?" „Weil unser Sohn verrückt ist. Es ist schon eine

Schande, dass er fast so heißt wie ich.", brüllte ihr Mann sie an. Georg wünschte sich, dass keiner ihn jetzt sah. Und sein Wunsch ging in Erfüllung, denn gerade als er es sich wünschte, wurde es dunkel. Sein Vater rief: „Was ist passiert?" Georg schenkte ihm keine Antwort. Er nutzte es aus und rannte durch das ganze Schloss und zum Glück konnte er sein Zimmer erfühlen und der Grund dafür war, dass der Riegel seines Zimmers abgebrochen war. Er rannte hinein und verriegelte die Tür von innen. Als er im Zimmer war, wurde es wieder hell. Georg ließ sich auf sein Bett fallen und ignorierte die Rufe seines Vaters und der restlichen Familie. Er starrte an die Decke, bis er einschlief. Er schlief und schlief und schlief.

Schließlich träumte er. Er träumte von dem Zwerg. Er würde einen Zettel an das Fenster hängen und dann gleich wieder verschwinden. Plötzlich wachte Georg auf. Er drehte sich um und dort hing wirklich ein Zettel. Er las ihn und darauf stand: „Zwerge, Trolle und Zauberer existieren." Plötzlich hörte er ein Quieken aus der Ecke. Er blickte nach rechts und dort stand ein Zwerg. Er grinste wieder und hatte auch sein Buch dabei. „Hallo", sagte er und verbeugte sich. Der Zwerg hatte eine ziemlich hohe Stimme. Schließlich sagte er: „Um es kurz zu machen, ich bin Quekel, ein Zwerg." „Ein echter Zwerg?", fragte Georg. Aber er konnte sich die Antwort schon denken. Denn mit seiner runzeligen Haut und seiner winzigen Größe (er ging Georg bis zur Brust), musste es ein Zwerg sein. Der Zwerg antwortete: „Ja, ja, ich bin ein Zwerg, aber jetzt frag mich bitte nichts mehr." Doch Georg fragte: „Warum müssen wir so schnell weg?" Der Zwerg antwortete: „Weil dein Vater jeden Moment die Tür aufbricht und frag nicht, woher ich das weiß." Doch Georg wollte noch so viel fragen, aber der Zwerg ließ ihm dafür keine Zeit. Denn er schnippte mit dem Finger und sie waren draußen. Georg war völlig verdattert. Der Zwerg aber schlug sein Buch auf. Es hatte nur 2 Seiten. Dann murmelte der Zwerg: „ 3, 7, 12. „Ja genau, das sind die Zahlen, welche ich mir nicht merken kann." Dann rief er die Zahlen laut, schnippte wieder und dann flogen sie. Während sie flogen, fragte Georg: „Wieso sind sie verschwunden, als mein Vater kam?“ „Weil Menschen uns nicht sehen dürfen.“ „Und wieso darf ich euch dann sehen?“ „Das wirst du schon erfahren.“, antwortete Quekel. Endlich hatten sie festen Boden unter den Füßen. Sie standen nämlich auf einem riesigen Berg. Darauf standen nicht nur sie beide, sondern auch ein Mann mit einem Spitzhut und einem Silberbart. Neben ihm standen noch 2 Geschöpfe. Sie sahen genau gleich aus. Beide hatten Schweinsnasen und einen kugelrunden Bauch. Georg murmelte: „ Ein Zauberer und 2 Trolle?“ „Gewiss“, antwortete der Zauberer. „Ich bin Modalis und das sind Lucia (er deutete auf den rechten Troll) und Wovie (er deutete auf den linken Troll). „Hallo“, krächzte Lucia und „Hallo“, sagte Wovie mit tiefer Stimme. Georg begrüßte auch sie und schließlich fragte er: „Was soll ich hier?“ Modalis antwortete: „Hör zu, euer Schloss wird in wenigen Tagen angegriffen und zwar von dem mächtigen Lord

Diabolus und deswegen werde ich dir Zaubern beibringen."
„Zaubern?", fragte Georg ungläubig. „Ja, zaubern", antwortete Modalis. Gesagt, getan. Jeden Tag wurde Georg von dem Zwerg abgeholt, der ihn zu Modalis brachte und der ihm zaubern beibrachte. Am fünften Tag konnte Georg Bäume umfallen lassen, Dinge wegzaubern (außer Menschen) und er konnte Dinge durch die Luft fliegen lassen. Nur wusste er dann nie, wo sie waren. Genau an diesem fünften Tage sagte Modalis: „Heute ist es soweit. Heute wirst du das magische Schwert bekommen! Doch du musst, bevor du es bekommst, eine Aufgabe bestehen, du musst es nämlich erst finden." Georg fragte: „Wieso muss ich das eigentlich alles machen?" „Weil du der Auserwählte bist", antwortete Modalis, „du musst wissen ich war auch der Auserwählte. Und ich muss dir noch etwas sagen: Ich bin dein Onkel. Auch mein Onkel war der Auserwählte. Und sein Onkel auch und immer so weiter. Wir alle fanden das Schwert. Doch Lord Diabolus wollte das Schwert immer für

sich haben. Wir alle besiegten ihn." Georg fragte: „Wieso lebt er dann noch?" „Weil er 100 Leben hat.", antwortete Modalis. Übrigens, da ist noch etwas. Soweit ich weiß bist du der 100ste Auserwählte. Und jetzt geh und such dein Schwert." Georg war völlig verdattert. Modalis sein Onkel! Er, der Auserwählte? Das konnte nicht sein! Doch er konnte nicht mehr überlegen, ob das stimmte, denn in diesem Moment kam ein Minotaurus durch ein schnippen von Modalis. Er sagte: „Du musst bestimmen wo er dich hinbringen soll, um an das Schwert zu kommen." Georg stieg auf, hielt sich an den Hörner fest, und mit einem gewaltigen Galopp ritt der Minotaurus los. Als sie durch einen Wald kamen und an der ersten Kreuzung standen, fragte er Georg: „Wo geht es weiter?" George antwortet: „Nach rechts!" Als sie an der zweiten Kreuzung ankamen, sagte Georg: „Wieder nach rechts." Es ging immer weiter und an jeder Kreuzung war es ein magisches Gespür, das ihm die Richtung sagte. Als sie an der siebenten Kreuzung waren, sagte der Minotaurus: „Dies ist die letzte

Kreuzung, wo geht es weiter?“ Das magische Gefühl in ihm stieg höher und plötzlich wusste er die Antwort. Es geht nirgends weiter, denn wir sind da. In diesem Moment kam ein Stein aus dem Boden hervor und darin steckte das Schwert. Georg ging auf das Schwert zu und zog es aus dem Stein. Es begann zu leuchten als seine Hand es berührte. Er nahm das Schwert, stieg auf den Minotaurus und sie ritten zurück. Als sie zurück an dem Berg waren, fanden sie dort nur Wovie und Quekel. Wovie weinte. Georg konnte die Worte verstehen, die Wovie sprach: „Es ist - Schluchz! - furchtbar! Meine Frau hat - Schluchz! - verraten, wo dein Schloss ist, Georg. Georg konnte sich schon denken, an wen sie es verraten hatte: an Lord Diabolus. Georg rief: „Wir müssen zum Schloss“, und mit einem Schnicken von Quekel landeten sie in dem Schloss. Dort erwartete ihn Georgs Vater. Quekel und Wovie versteckten sich. Georgs Vater aber wollte gerade zum Schlag ausholen, als ein riesiger Drache ins Schloss geflogen kam. Der König riss seinem Sohn das Schwert aus dem Gürtel. Doch der Drache schlug ihm das Schwert aus der Hand. Dann stieg jemand von dem Drachen: Es war Lord Diabolus. Er sah aus wie der Teufel. Er ging auf das Schwert zu (das Georg völlig vergessen hatte) nahm es und richtete es auf Georg. „Lass ihn in Ruhe." Jemand hatte es gerufen. Es war Modalis. Er sagte mit erhobenem Zauberstab: „Ich werde dich in eine Kröte verwandeln." Lord Diabolus entgegnete: „Du hast keine Chance." „KRÖNTAGI", rief Modalis. Lord Diabolus schwang das Schwert. Aus Schwert und Zauberstab schossen Strahlen. Sie trafen sich in der Mitte. Georg wollte gerade einen Fluch auf Lord Diabolus schießen, doch da glitt er ihm aus der Hand. Der Strahl von dem Schwert war viel stärker, als der Modalis' und so riss es ihn zu Boden. Georg dachte sich: „Ich muss meinen Zauberstab holen." Er sprang auf ihn zu und musste dabei dem Feuer des Drachens ausweichen. Dann, als er ihn hatte rief er: „FIEGANTA!" Das Schwert flog in die Luft und fiel dann zu Boden. Lord Diabolus wollte es nehmen, doch es flog in

Georgs Hand. Dann, ohne dass Georg etwas tun konnte, außer es auf Lord Diabolus gerichtet zu halten, schossen 2 Strahlen heraus, die den Drachen und Lord Diabolus zerrissen. „Mein Sohn, geht es dir gut?“ fragte Georgs Vater. Doch der rannte schon zu Modalis, half ihm auf und stellte ihn vor: „Das ist Modalis.“ Georgs Vater fragte: „ Modi, du lebst? Geht es dir denn gut?“ Modalis antwortete: „Ja, aber ich brauche eine Unterkunft. Dürfen Georg, ich und die anderen Zwerge, Trolle und Zauberer bei euch leben?“ „Es gibt diese Fabelwesen also wirklich?“ Wenn es sie gibt, dann können sie nicht hier leben, denn die Burg ist eine Ruine.“ Georg sagte: „Die können wir ja wieder aufbauen!

Und so bauten sie alle gemeinsam die Burg wieder auf. Die einen mit der Hand und die anderen mit Magie. Sie lebten darin glücklich und zufrieden.

Und wenn sie nicht gestorben sind dann leben sie noch heute...

Unterwasser-Elfen

Es war einmal in einem fernen Land, lange, lange vor unserer Zeit. Da gab es einen großen Teich, mit vielen Unterwasserelfen, die immerzu, wenn niemand hinschaute, aus dem Wasser hüpften. Sie waren nicht scheu. Unterwasser schwangen sich Algen mit der Strömung hin und her, hin ... und her. Die meisten Elfenkinder spielten am liebsten draußen, im weiten Teich. Die Elfenmütter verboten den Kindern, so weit hinaus zu schwimmen, denn die Elfenkinder waren so klein, dass man sie nicht einmal mit bloßem Auge erkennen konnte. Deshalb gab es natürlich auch Gefahren. Wie zum Beispiel die BÖSEN 12. So nannten sich die 12 gemeinen Fische, die Elfenkinder zum Fressen gern hatten. Die Fische hießen Lorenzo, Martin, Lucas, Detlef, Mark, Fabian, Freddi, Dieter, Diddi, Kur, Armin und ihr Anführer Kralle.

Diese Namen klingen nicht sehr schlimm, stimmt's? Und außerdem haben Fische keine Krallen! Trotzdem aufgepasst: Diese Fische haben's in sich! Jetzt will ich mal mit dem eigentlichen Märchen anfangen. Also... Eines Tages, an einem schönen Sommertag, ging ein Junge, namens Fips an den Teich zum Baden. Seine Mutter hatte ihn gewarnt: „SCHWIMME NICHT ZU WEIT RAUS!!! " Doch Fips war ein sehr vergesslicher Junge, müsst ihr wissen. Denn kaum war er am Teich angelangt, schwamm er dort hin, wo er nicht mehr stehen konnte. Plötzlich spürte er, dass er keine Kraft mehr in den Armen hatte. Er schlug um sich und schrie: „Hilfe, Hilfe, ich ertrinke!!!" Doch niemand hörte ihn und er ging unter. Als er aufwachte, spürte er, dass seine Hände schmerzten. Unter anderem merkte er, dass er jetzt irgendwie auch keine Beine mehr hatte. „Ups, was ist das? Ich bin ja viel zu klein für einen Menschen „Ich bin ein Fisch!!! Und auch noch dazu ein roter! „Hi, hi, hi, ist das witzig", rief eine fiepsige Stimme neben ihm. Er sah auf und sah eine kleine Elfe, die ihm freundlich zuwinkte. Erst erschreckte er sich, aber dann sah die kleine Elfe eigentlich ganz nett aus. Er bat

sie, ihn zur Königin zu bringen, weil er sie fragen wollte, wie er es erreichen könnte, sich wieder in einen Menschen zu verwandeln. Seine Mutter würde sich bestimmt Sorgen machen!
Das stimmte. Seine Mutter suchte ihn mit 10 Polizisten am Teich. Die kleine Elfe und Fips brachen auf zur Königin, denn für Fips war es eine große Gefahr, als Fisch im Teich zu bleiben. Er wollte kein Fisch mehr sein, sondern wäre jetzt lieber zu Hause, bei seiner Mutter. Als er plötzlich zu weinen anfing, tröstete ihn die kleine Elfe, die übrigens Ina hieß. Sie kamen bei der Königin an, da war es schon dunkel. Sie warteten vor dem Unterwasserschloss, warteten und warteten. Endlich waren sie bei der Königin angelangt. Fips klagte ihr sein Leid und fing dabei fast wieder an zu weinen. Die Elfenkönigin gab ihm den Rat, er solle zum anderen Ende des Teiches schwimmen und durch einen Fischbiss würde er wieder ein Mensch sein. Allerdings müsse er dies ohne Begleitung tun. Das war sehr traurig, denn von diesem Tag an trennten sich die Wege von Ina und Fips. Dann brach er auf,

um sich dem Bösen zu stellen. Er kam am anderen Ende des Teiches an, dunkel war es. Für einen Menschen wären dies nur 7 Schritte gewesen. Doch Fips war trotz alledem ein kleiner roter Fisch. Immerzu musste er an Ina denken, denn sie war für ihn eine ganz, ganz große Heldin. Allzu lange konnte er gar nicht mehr nachdenken, denn plötzlich packte ihn etwas hinten an der Schwanzflosse. Benommen lag er auf einer Alge im Teich. Er spürte, wie sich etwas in seine rechte Flosse bohrte. Nachdem sich dieses Etwas in seine Flosse gebohrt hatte, spürte er, dass er irgendwie hochstieg an die Teichoberfläche. Er hörte etwas platschen. Plötzlich saß er wieder auf festem Boden. Er war erlöst! Er war kein Fisch mehr und hatte nur noch 4 Finger an der rechten Hand. Den Fünften ließen sich die „12 Bösen" schmecken. Hauptsache, er war wieder zu Hause bei seiner Mutter. Und wenn sie nicht gestorben sind, dann leben sie noch heute!

Die vier Königreiche

Es waren einmal vier Königreiche, deren Völker lange in Frieden miteinander lebten. Es waren die Völker der Trolle, Zwerge, Elfen und Menschen. Eines Tages aber versuchten die Menschen, die alleinigen Herrscher über die Völker zu sein und das Land zu besitzen. Die Menschen also sammelten ihre Truppen, um die anderen zu vertreiben. Da beriefen die Ältesten der Trolle, der Elfen und der Zwerge eine Versammlung ein. Der Älteste der Trolle leitete die Versammlung und berichtete über die wachsende Bedrohung durch die Menschen. Er forderte die Mutigsten auf, sich freiwillig zu melden. Es müsse aus jedem Volk ein Krieger die magische Waffe seines Volkes finden, um sie im Kampf gegen die Menschen einsetzen zu können. Nur so könne es Frieden geben.

Es fanden sich sofort drei Freiwillige. Die Freunde zogen los und kamen an eine Weggabelung, bei der sich der Weg in drei Pfade teilte. Der Zwerg sprach: "Ich gehe den linken Pfad.

Dort wartet der Drache auf mich. Ich muss ihn besiegen, um die Zauberaxt zu erhalten." Der Zwerg richtete sich an den Troll und sprach: „Du, Troll, musst den mittleren Pfad gehen, wo dich der Minotaurus in seinem Labyrinth erwartet. Du musst die magische Keule nehmen und zurückkehren!" Er wandte sich an den Elf: „Du musst den rechten Pfad einschlagen und den Höhlenwurm bezwingen, schneide dann aus seinem Körper das heilige Schwert heraus."

So gingen sie auseinander. Der Zwerg konnte den Drachen überlisten und tötete ihn. Eilig holte er die Axt aus der Drachenhöhle und kehrte zurück. Der Troll packte den Minotaurus von hinten an den Hörnern und schleuderte ihn gegen die Mauern des Labyrinths. Diese stürzten durch die Wucht des Aufpralls ein, so dass der Troll den Ausgang finden konnte. Er nahm die Keule auf und machte sich auf den Heimweg. Der Elf, der wendiger als der träge Höhlenwurm war, rammte ihm geschickt einen spitzen Felsbrocken in den Rücken. Der Elf nahm seinen Felsbrocken, schnitt damit den Körper des Wurms auf und nahm sich das heilige Schwert.

Die Krieger kamen glorreich als die Befreier von den Tyrannen zurück. Die Menschen sahen die Zauberwaffen und gaben ihre Pläne zur Übernahme der Macht auf. Sie verließen das Land und wurden nie wieder gesehen.

Der Ring

Es lebten, vor nicht allzu langer Zeit, in einem kleinen Häuschen zwei Zwillingsschwestern mit ihrer Mutter. Zur selben Zeit wohnte auch Rita, die Meeresprinzessin, in einem gewaltigen Palast mit ihren 11 Schwestern, die sie sehr liebte. Es gab jedoch nicht nur diese Guten, sondern auch die böse Einkönigin und ihre Helfer sowie die Meerhexe Gundel.

Als eines Tages die Mutter der beiden Zwillingsschwestern Anna und Marie erkrankte, schickte sie die beiden los, um den Ring von Uropa Lucky zu finden, denn dieser Ring war ein Zauberring, der sie wieder gesund machen könnte. Da die beiden große Angst um ihre Mutter hatten, liefen sie sofort los. Als sie etwa 3 ¼ Tage gegangen waren, sagt Marie erschöpft: „Wow!" „Was ist denn los?", fragte Anna. Plötzlich sah Anna es – es war wunderschön! Das große Meer schimmerte hell im Sonnenlicht. „Einfach umwerfend!", staunte Marie. Plötzlich kam ein helles, kleines, brummendes Etwas angeflogen und die Zwillinge erschraken sehr. Das Ding sprach zu ihnen und sagte: „ich bin Lili, die Sonnenelfe. Ich möchte euch fragen, warum ihr euch hier so alleine in dieser gefährlichen Gegend aufhaltet?" „Gefährlich? Was soll denn hier gefährlich sein?", lachte Marie. „Du Marie, ich glaube sie hat recht", flüsterte Anna plötzlich ganz leise. Da stand ein riesiger Grizzly mit einem verschuppten Bauch vor ihnen. „Oh mein Gott, Mietz, musst du sie so erschrecken?", prustete Lili. „Mietz?", frage Anna. „Ja, Mietz, er ist mein Haustier. Aber ihr habt immer noch nicht auf meine Frage geantwortet!", beschwerte sich Lili. „Wir suchen den Ring von Uropa Lucky!". Dabei wurde Lili ganz blass und fing an zu zittern. „Was ist los, was haben wir denn gesagt." „Deer Riing issst im sprudelnden Meer.", wisperte Marie. „Wir können ja nicht dort hinunter schwimmen, dabei sterben wir", stöhnte sie. „Kennst du vielleicht jemanden, der dort hinuntertauchen kann Lili?". „Ja schon", antwortete diese, „aber der Ring wird von der Meereshexe Gundel bewacht und ihr den Ring zu entwenden, das ist härtere Arbeit, als man denkt!“.

Da tauchte plötzlich etwas aus der Tiefe hervor. Es war die Meeresprinzessin Rita. „Tut mit leid“, sagte sie, „als ich eure Stimmen gehört habe, musste ich einfach lauschen. Ich könnte doch diese Aufgabe übernehmen, aber nur, wenn ihr auch wollt“. „Das ist eine fabelhafte Idee, aber du gefährdest dein Leben!“, meinte Anna. „Ja, aber ich habe einen guten Freund. Er heißt Piet und ist ein Goldfisch. Er hat magische Kräfte, also kann uns nichts passieren. Ich gehe ihn gleich holen!“, und BLUBS! war Rita verschwunden und schwamm direkt zu Piet, der schon auf sie gewartet hatte.

Sogleich ging es auf zur Höhle der alten Hexe. Die beiden schwammen langsam in die Höhle hinein. Hier roch es nach Schwefel und anderem ekelhaften Zeug. „Pscht!“, zischte Rita, „sie bemerkt uns sonst noch!“. Da hörten sie eine Stimme: „Puh, bin ich müde. Ich ziehe jetzt den Ring von Lucky aus und gehe dann schlafen.“ Sie warteten, bis sie ein Schnarchen hörten und schwammen leise weiter bis in das Schlafzimmer der Meereshexe, auf der Suche nach dem Ring. Er hing an einer Kette, den die alte Hexe um den Hals trug. „Oh nein, wie sollen wir den jemals bekommen!“, stöhnte Rita. Da sah Piet plötzlich eine Öffnung und Rita versuchte durch diese zu schlüpfen. Da drehte sich die alte Hexe plötzlich um. „Nein!“, rief Piet und zog Rita hinter einen hervorstehenden Balken. Die Hexe schlug die Augen auf, schaute kurz um sich, atmete dann tief und sah in ihre Richtung. Sie schlug die Augen jedoch wieder zu und nach einer kurzen Weile schnarchte sie ruhig weiter. „Du bleibst hier, ich hole das Ding“, zischte Rita. Sie schlich sich an die Hexe heran. Schon hatte sie den Ring in der Hand, doch der Verschluss klemmte. Aber da, auf dem Tisch liegend, fand sie einen Zahnstocher, packte ihn und merkte, dass ein komisches, grünes und silbriges Zeug daran klebte. Rita gelang es jedoch, damit den Verschluss zu öffnen.

Als Rita und Piet den Ring zu Anna brachten, was es mittlerweile dunkel geworden. „Juhu, du

hast es geschafft!", jubelte Anna.
Sie legten sich schlafen, doch am nächsten Morgen war Lili verschwunden. Anna und Marie waren verzweifelt. Da erhielten sie einen Brief von der Eiskönigin, die Lili entführt hatte. Um sie zurück zu bekommen, müssen sie einen von sich selbst opfern. Traurig brachen Anna und Marie zum Eisigen Wald auf. Zum Eisberg mussten sie 5 Tage wandern, denn es war nicht gerade ein leichter Weg über vereiste Klippen und Berge. Plötzlich rutschte Marie von den eisigen Klippen herab. Anna sprang hinterher und die beiden fanden sich im Eisigen Wald wieder. Sie liefen zum Eisberg. Dort angekommen sahen sie, dass Lili eingefroren in dem Berg steckte und schreckten zurück. „Wie sollen wir Lili da nur rausbringen!". „Der Ring!", flüsterten beide gleichzeitig. Aber bevor sie Lili befreien konnten, mussten sie erst durch das Eistor. Das jedoch wurde von den Helfern der Eiskönigin bewacht. Sie gingen auf das Tor zu und plötzlich schliefen alle ein, außer Anna und Marie. Der Zauberring hatte sie beschützt und

jetzt mussten sie ihn nur noch nach Hause zu ihrer Mutter bringen. Der Ring flog sie nach Hause.
Und wenn sie nicht gestorben sind, dann leben sie noch heute.

Die Salbe

Es war einmal ein König, der glücklich und reich war. Doch an seinem 58. Geburtstag raubte jemand sein gesamtes Geld und seine Schätze. Der Räuber ließ nur eine geheimnisvolle Salbe zurück, die er wohl verloren hatte. Alle rätselten, was die Salbe wohl bewirken konnte.

Der König lief auf den Marktplatz und stellte ein Schild auf. Darauf stand geschrieben: „Wer mein gestohlenes Geld wieder zu mir herbringt, bekommt eine Belohnung von 1000 Talern!"

Ein Junge fand dieses Angebot verlockend und schmuggelte sich in der Nacht aus dem Haus seiner Eltern, denn er wollte den Räuber besiegen. Er nahm nur einen Krug Wasser und etwas Brot mit. Als er im dunklen Wald war, sah der Junge ein Haus aus Stein mit einem Strohdach. Er lief hin und schaute sich das Haus von allen Seiten genau an. Er berührte den Türgriff, und als die Tür nur ein Stück aufging, spürte er etwas Schweres in seiner Tasche. Er nahm es heraus und hielt die Salbe aus dem Palast des

Königs in der Hand. Plötzlich klopfte ihm jemand von hinten auf seine Schulter: „Das ist meine!"

Der Junge ging einen Schritt nach hinten und starrte ihn an. Der Mann sprang auf den Jungen und wollte sich die Salbe schnappen, doch der Junge wich aus und rannte los. Er lief immer tiefer in den Wald und der Mann rannte hinterher. Dem Jungen war klar, dass der Mann, der Räuber sein musste. Als der Junge an einem Wasserfall ankam, warf er die Dose mit der Salbe den Wasserfall hinunter und der Mann sprang hinterher. Noch bevor der Räuber im Wasser landete, verwandelte er sich in einen Geist und wurde in die Salbendose hineingesaugt.

Der Junge ging zum Haus und fand erst nach einer Stunde das gestohlene Geld. Er hatte Mühe, die Schätze zum Schloss zurückzubringen.

Als er dort ankam, war es früher Morgen. Der Junge klopfte am Schlafsaal des Königs, ein Diener machte auf und fragte: „Was willst du hier?" „Ich habe das gestohlene Geld und den

Schatz“, sagte der Junge. Der Diener staunte und weckte den König, der den Jungen umarmt und drückte

Als Belohnung bekam der Junge die versprochenen 1000 Taler. Das Volk feierte ein Fest. Und wenn sie nicht gestorben sind, dann feiern sie noch heute.

Der weise Stein

Es war einmal vor langer, langer Zeit, da lebte ein kleines Kind namens Julia mit seinem Vater und seinem kleinem Freund Fledermaus Blacky. Doch eines Tages war Blacky verschwunden. Julia und ihr Vater machten sich große Sorgen. Julia fragte ihn: „Was können wir tun?“ Ihr Vater antwortete: „Nimm dir das größte Buch in der Bücherei, dort wird es stehen.“ Das tat Julia. Dort stand: „Gehe zu den Einhörnern und nimm dir ein Stück Fell von ihnen, das verlieren sie jeden Tag. Dann geh weiter zu dem wiesen Stein. Wenn du ihm das Fell gibst, sagt er dir, wo Blacky ist. Er weiß alles.“ Also machte sie sich noch in dieser Stunde auf den Weg. Die Einhörner fand sie schnell, aber den weisen Stein suchte sie zwei Tage lang. Als sie ihn endlich fand, waren drei Tage vorüber. Sie gab ihm das Fell und er gab ihr einen Schlüssel. Dann zeigte der Stein auf die Hütte und sagte: „Da vorne in der Hütte! Wenn du den Wächtern den Schlüssel gibst, schließen sie dir auf und du findest Blacky." Sie versuchte es, aber die Wächter nahmen den Schlüssel nicht an und behaupteten, er sei gefälscht. Sie versuchte es immer wieder, aber es ging nicht. Plötzlich eine Idee! Sie wollte sie mit ihrem Reiseproviant bestechen! Julia ging zu ihnen und sprach: „Lasst ihr mich rein, wenn ich euch mein Essen und mein Geld gebe?" Die Wächter nickten. Sie befreite Blacky und sie gingen nach Hause. Dort feierten sie ein großes Fest.

Und wenn sie nicht gestorben sind, dann leben sie noch heute.

Die Zaubercreme

Es war einmal vor langer Zeit in einem großen Königreich, wo der König Musikus lebte. Eines Tages gab der König bekannt, dass er einen Musikanten-Wettbewerb veranstalten wird. Der Sieger solle im Schloss leben und dem König Musikus jeden Tag etwas vorspielen.
An diesem Wettbewerb nahmen drei Musikannten teil. Der erste Teilnehmer war Dominic an der Harfe. Dominic spielte so schlecht, dass der König ihn zur Strafe eine Stunde Ballett tanzen ließ. Danach hatte Dominic Blasen an seinen Füßen!
Danach folgte David, der Gitarrenspieler. Der König bekam vom Zuhören solche Ohrenschmerzen, dass David dem König zur Strafe seine Stinkfüße waschen musste.
Der letzte Teilnehmer war Marco mit dem Saxophon. Marco hatte Angst vor einer Bestrafung wie bei David und Dominic! Da erinnerte er sich, dass er vor einiger Zeit auf dem Markt eine geheimnisvolle Creme gekauft hatte.

Der Händler sagte, dass jedes Instrument, das mit dieser Creme eingerieben wird, die schönsten Töne erklingen lässt.
Marco rieb sein Saxophon heimlich mit der Creme ein und spielte so schön, dass er den Wettbewerb gewann und danach im Schloss leben durfte.
Und wenn er nicht gestorben ist, dann spielt er noch heute.

Die Prinzessin und das verschwundene Kind

Es war einmal eine schöne Prinzessin. Sie war sehr schön, hieß Nina und war 17 Jahre alt. Sie hatte einen bösen Vater. Ihre Mutter war während ihrer Geburt gestorben. Nina liebte Blumen über alles und deshalb hatte sie ein 5 m großes Blumenbeet.

Immer musste sie die Reste ihres Vaters essen, was nicht wirklich viel war. Die Diener bekamen sogar mehr zu essen als sie. Warum ihr Vater sie nicht mochte und so gemein zu ihr war, wusste sie nicht.

Eines Tages ging die Prinzessin auf den Markt. Dort sah sie viele Menschen. Sie drehte sich um und ging rückwärts. Auf einmal rannte sie gegen einen Jungen. Nina fiel zu Boden. Der Junge half ihr sofort hoch. Sie sagten beide „Entschuldigung". Der Junge fragte sie, wie sie hieße. „Ich heiße Nina, und du?" „Ich heiße Matthias. Wo wohnst du denn?" Nina sagte: „Ich wohne im Schloss" „Was, bist du etwa eine Prinzessin?"

„Ja“, antwortete sie, „aber ich werde nicht so behandelt. Ich muss jetzt wieder nach Hause, sonst bekomme ich Ärger.“ Und sie verabschiedeten sich voneinander. Als Nina nach Hause kam, standen eine wunderschöne Frau und ihr Vater vor dem Schloss. Ihr Vater umarmte Nina mit Freude, als sie näher kam, und Nina verstand es nicht, da ihr Vater sonst nie so gütig zu ihr war. Er sprach: „Das ist deine neue Mutter. Wir wollen heiraten.“ Nina freute sich für ihren Vater und an diesem Abend gab es ein Festmahl.

Als Nina in ihr Zimmer kam, stand Matthias da. Er nahm sie an die Hand und kletterte mit ihr durchs Fenster in den Garten. Er zeigte ihr einen schönen Platz. Dort setzen sie sich auf einen großen Felsbrocken. Er schenkte ihr eine schöne Rose. Die beiden verliebten sich ineinander. Dann gab es auch schon bald zwei Hochzeiten! Nina und Matthias bekamen ein Kind, aber als es 3 Tage alt war, verschwand es mitten in der Nacht. Alle Diener suchten nach dem Kind. Nina weinte Tag und Nacht, und Matthias hatte Mühe, sie zu trösten. Niemand fand das verschwundene Kind. Da sagte Matthias: „Ich werde mich auf den Weg machen und unser Kind suchen.“ Nina freute sich, dass er so mutig war. Als er 7 Tage geritten war, kam er an eine Höhle und machte dort Rast. Auf einmal sah er eine Fee. Sie fragte: „Was machst du hier und wie heißt du? “ „Ich heiße Matthias! Und ich bin hier, um mein Kind zu retten.“ „Was, dein Kind wurde entführt?“ „Ja, weißt du vielleicht, wer mein Kind entführt hat?“ „Ja, ich weiß es!“ Der Zauberer, er wohnt in dieser Höhle. Aber man muss eine Aufgabe bestehen.“ „Was für eine Aufgabe ist das?“ „Du musst dem Zauberer die Haare abschneiden, dann ist er machtlos!“

Matthias wartete, bis es ganz dunkel war. Dann schlich er in die Höhle. Er hörte von Ferne den Zauberer schnarchen. Leise näherte er sich dem Schlafenden. Vorsichtig holte er eine Schere hervor. Doch auf einmal musste Matthias niesen. Der Zauberer wurde unruhig und drohte aufzuwachen. Gerade als er die letzte

Strähne durchtrennen wollte, musste er noch einmal niesen und der Zauberer wachte auf. Als er Matthias sah, sprang er auf. Doch Matthias ließ die Strähne nicht los. Auf einmal flog Matthias in die Höhe, weil die Fee ihn trug. Sie trug ihn so hoch, bis das Haar vom Kopf des Zauberers abriss. Der Zauberer sank zu Boden. Dann ging eine Tür auf. Matthias ging in den Raum und da sah er eine weitere Fee, die an einer Babywiege stand. Er ging zu ihr und die Fee schaute Matthias an. Als er vor der Wiege stand, sah er sein kleines Kind. Er nahm es in die Arme, dankte den Feen und ritt ganz schnell nach Hause. Nina freute sich sehr, ihren Mann und ihr Kind wieder zu sehen.

Und wenn sie nicht gestorben sind, dann leben sie noch heute.

Tom und seine neuen Freunde

Es war einmal ein kleiner Junge namens Tom. Tom ging in die 3. Klasse. Er wohnte in einem kleinen Haus in einer engen Nebenstraße. In der Nähe war ein Vulkan, welcher noch aktiv war. Er wünschte sich schon lange ein Haustier, aber weder Tom noch seine Eltern hatten genügend Geld um sich ein Haustier zu kaufen. Sie konnten gerade mal die Miete und das Essen bezahlen. Toms Vater war arbeitslos und seine Mutter arbeitete in einem kleinen Laden, in dem sie nur sehr wenig Geld verdiente.

Als Tom an einem schönen Sommertag von der Schule kam, fand er vor seinem Haus eine kleine Maus. Diese hatte sich an der Hinterpfote verletzt. Tom hatte Mitleid mit ihr und nahm sie mit ins Haus. Dann zeigte er sie seinem Vater. Der fand es gar nicht gut, dass Tom die Maus mit ins Haus genommen hatte. Er wartete aber bis die Mutter von der Arbeit nach Hause kam. Als sie da war, zeigte Tom ihr die Maus und fragte: „Darf ich die Maus behalten?“

Die Mutter sagte einfach: „Nein !"
Tom zeigte ihr die verletzte Pfote und wollte sie gerade wieder freilassen. Da bekam die Mutter Mitleid und sagte: „ Na gut, aber nur bis sie wieder gesund ist." Tom freute sich so sehr, dass er den ganzen Abend mit ihr spielte.
Am nächsten Tag ging Tom mit der Maus zu seinem Freund Lucas, dessen Vater war nämlich Tierarzt. Tom zeigte Lucas' Vater die Maus. Dieser musste sich die Maus nicht lange anschauen, da wusste er schon was sie hatte. Tom fragte: „Und was hat sie? " Der Vater antwortete: „Nur eine gebrochene Pfote. Du kannst sie zu Hause mit einem festen Verband umwickeln und nach 1-2 Monaten geht es der Maus wieder gut." Tom bedankte sich und rannte schnell nach Hause. Zu Hause fragte er seine Mutter, ob sie ihm hilft den Verband der Maus um die Pfote zu wickeln. Die Maus hielt freiwillig ganz still. In der Zeit, in der die beiden den Verband umwickelten, baute der Vater einen kleinen Holzkäfig. Als sie fertig waren, setzten sie die Maus in den Käfig. Tom spielte

von nun an jeden Tag mit ihr, gab ihr zu fressen und zu trinken.
Sechs Wochen vergingen und der Maus ging es wieder gut. Er entfernte den Verband von der Pfote und sah, dass sich die Maus wieder richtig bewegen konnte. Tom wollte gerade die Maus freilassen, da fing sie an zu sprechen: „Hallo Tom, sagte sie, „Weil du mir geholfen hast, meine Pfote wieder in Ordnung zu bringen, hast du einen Wunsch frei." Tom überlegte nicht lange und sagte: „ Ich wünsche mir, dass ich mit allen Tieren sprechen kann." Gesagt, getan. Tom war sehr aufgeregt. Er ging gleich in den Wald und probierte es aus. Er begrüßte zuerst die Eichhörnchen und sie antworteten ihm. Er begrüßte alle Tiere, die er sah und alle verstanden ihn. Als er nach Hause kam, erzählte er es seinen Eltern. Diese glaubten das zwar nicht, aber Tom war es egal. Nur Lucas glaubte ihm. Von dem Tag an gingen die zwei Freunde fast jeden Tag in den Wald und unterhielten sich mit den Tieren, so dass sie bald gute Freunde wurden. Auch die Maus kam ab und zu vorbei und sie erzähl-

ten sich gegenseitig Geschichten.
Eines Tages kam die Maus ganz aufgeregt zu ihm nach Hause. Sie schlich sich ins Haus und lief in Toms Zimmer. Als Tom von der Schule kam, erzählte die Maus ihm, dass alle Tiere im Wald versteinert wurden und dass sie in einer Woche zu Staub zerfallen würden. Tom fragte: „Von wem wurden die Tiere verzaubert? "Die Maus antwortete: „Von dem Zauberer dieses Waldes! „Ich werde euch helfen!", versprach Tom und machte sich sofort auf den Weg zu Lucas, seinem Freund, um ihm die schreckliche Neuigkeit zu erzählen.
Am nächsten Tag machten Tom, Lucas und die Maus sich auf, um den Zauberer zu finden. Schließlich fanden sie ihn in einer Höhle und fragten, was er wohl mit den Tieren gemacht habe. Der Zauberer antwortete: „Ich bin ein alter Zauberer und wollte einen Lebenszauber anwenden, doch es ging schief. Ich muss die Zaubersprüche wohl durcheinander gebracht haben. Dabei verlor ich meine Zauberkräfte und alle Tiere im Wald wurden versteinert.

Es tut mir leid, es war wirklich nicht meine Absicht. Ihr könntet sie aber retten, indem ihr mir mein Zauberbuch bringt. Ich selbst bin zu schwach um es zu holen. Nach meiner Zauberausbildung habe ich das Buch in eine Truhe gelegt und diese dann in der Ruine am Ende des Waldes versteckt. Seit einiger Zeit lebt dort ein großer, böser Drache, so dass ich nicht mehr an die Truhe herankomme. Da ich keine Kraft mehr habe diesen Drachen zu besiegen, müsst ihr es für mich tun. Denn nur mit diesem Buch können wir die Tiere, bevor sie zu Staub zerfallen, retten. Der Drache ist nur mit einem Schwert zu besiegen, welches sich auf einem Fellsvorsprung im Inneren des Vulkans befindet. Es ist aber kein gewöhnliches Schwert, sondern ein Zauberschwert. Wer es am Griff berührt, ist, solange er es in der Hand hält, unverwundbar. Wer jedoch die Spitze des Schwertes berührt, löst sich auf der Stelle mit dem Schwert für immer in Luft auf. Nehmt dieses Seil und diesen Zaubertrank, welcher euch für kurze Zeit vor Feuer schützt. Setzt beides sinnvoll ein. Wir haben nicht mehr viel Zeit, deshalb geht und beeilt euch." Tom, Lucas und die Maus machten sich auf den Weg zum Vulkan. Als sie oben angekommen waren, sahen sie das Schwert. Tom kletterte auf den Felsvorsprung, nahm das Schwert und wollte gerade wieder hochklettern, da stürzte der Felsvorsprung in die Lava. Lucas warf ihm das Seil zu. Tom konnte sich gerade noch am Seil festhalten. Lucas und die Maus zogen ihn hoch. Als Tom wieder festen Boden unter seinen Füßen hatte, freuten sich alle drei, dass sie die erste Aufgabe geschafft hatten. Danach gingen sie zur alten Ruine am Ende des Waldes. Als sie vor der Ruine standen, hörten sie schon die Schreie des Drachens. Sie gingen langsam in die Ruine hinein. Als die drei drinnen waren, sahen sie einen großen Schatten an der Wand. Es gab keinen Zweifel daran, dass es der Schatten des Drachens war. Tom sagte leise zu seinen Freunden: „Ihr zwei lenkt den Drachen ab, und ich berühre ihn dann mit dem Schwert. Nehmt aber vorher etwas von diesem Zaubertrank!" Tom warf ihnen den Zaubertrank zu, Lucas und die Maus taten genau, was Tom gesagt hatte. Sie tranken den Zaubertrank und lenkten den Drachen ab. Er spieh vor lauter Wut ununterbrochen Feuer. Dies konnte aber den beiden, durch den Zaubertrank, nichts anhaben. Tom stach dem Drachen ins Bein. Der Drache schrie auf einmal fürchterlich laut auf und löste sich sogleich mit samt dem Schwert in Luft auf. Tom rannte sofort zu Lucas und der Maus, die drei umarmten sich und waren froh, dass sie noch alle am Leben waren. Lucas sagte nach einiger Zeit: „Los, wir müssen das Zauberbuch suchen, wir haben nur noch wenig Zeit." Sie gingen durch die Gänge der alten Ruine und suchten in jedem Winkel, aber nirgends war die Truhe zu finden. Auf einmal fiel die Maus durch einen kleinen Spalt im Fußboden und landete im Geheimkeller der Ruine. Nachdem sich ihre Augen an die Dunkelheit da unten gewöhnt hatten, schaute sie sich um und sah tatsächlich in einer Ecke eine Truhe stehen. Sie rief so laut sie konnte nach Tom. Dieser hörte seinen Namen

und bemerkte nun erst, dass die Maus verschwunden war. Er rief: „Mäuschen, wo bist du?" „Hier unten im Keller." antwortete sie: „Ich hab die Truhe gefunden, ihr müsst hier herunter kommen und mir helfen. Da drüben ist eine Tür. Ich werde mit meinen Pfötchen so stark ich kann an die Tür klopfen und ihr geht dem Geräusch nach, damit ihr den richtigen Eingang zum Keller findet." „Alles klar, fang an zu klopfen, wir kommen." sagte Tom. Die beiden hörten nun ein sehr leises Klopfen und gingen im nach. Nach einiger Zeit kam das Klopfen tatsächlich näher und kurz darauf standen sie vor einer alten Holztür. Diese war zum Glück nicht verschlossen und so konnten sie die Tür öffnen. Die Maus saß völlig erschöpft hinter der Tür. Lucas nahm sie vorsichtig hoch und setzte sie auf seine Schulter, wo sie auch im selben Augenblick einschlief. Tom hob die kleine Truhe auf und sie machten sich auf den Rückweg.
Als sie beim Zauberer ankamen, sahen sie, dass dieser noch viel schwächer geworden war. Sie übergaben ihm die Truhe und der Zauberer zog

einen kleinen Schlüssel aus seiner Tasche. Er war aber so schwach, dass er ihn nicht ins Schloss stecken konnte. Tom half ihm und öffnete das Schloss, nahm das Zauberbuch heraus und suchte darin die Seite für den Lebenszauber. Der Zauberer sprach ihn mit letzter Kraft und kurz darauf sahen die drei Freunde wie er langsam wieder zu Kräften kam. Tom sah auf die Uhr an der Wand und erschrak, da sie tatsächlich nur noch wenige Minuten Zeit hatten um den Gegenzauber für die Tiere im Wald auszusprechen. „Schnell, wir müssen die Tiere retten!" rief er laut. Der Zauberer blätterte so schnell er konnte in seinem Buch und fand auch gleich den Spruch. Nachdem er das letzte Wort davon ausgesprochen hatte, hörten sie auch schon wieder die gewohnten Geräusche aus dem Wald, welche in der vorangegangenen Woche völlig verstummt waren. Alle liefen in den Wald hinaus und sahen die Tiere wieder herumlaufen. Sie kamen alle zum Haus des Zauberers und bedankten sich bei Tom und seinen Freunden. Sie saßen alle zusammen bis spät in die

Nacht hinein und die drei erzählten, wie sie es geschafft hatten, die Tiere zu retten.
Auch der Zauberer bedankte sich bei ihnen, denn auch ihm hatten sie ja das Leben gerettet.
Sie wurden gute Freunde und immer wenn einer von ihnen in Not war, bekam er von den anderen Hilfe.
Und wenn sie nicht gestorben sind, dann sind sie auch heute noch gute Freunde.

Isabell und ihr kleiner Begleiter

Einen kräftigen Ruck gab es und Isi fiel aus ihrem Bett. Mit einem Schwung war sie hell wach. Man muss wissen, Isabell war eine Leseratte, sie wohnte in einem großen Haus und war auch nicht allzu groß. Isi nahm sich ein Buch und setzte sich in ihre breite Hängematte. Das Buch, das sie von ihrer Oma bekommen hatte, handelte von Fabelwesen. Es war noch früh am Morgen und Isi blätterte kurz im Buch herum. Doch auf einmal hielt sie inne und blätterte eine Seit zurück. Sie las sich den Text noch einmal durch. Isi fasste auf die schöne orangefarbene Blume, die als Bild zu sehen war. Plötzlich hatte sie eine Karte in der Hand und auf der Karte saß eine hübsche Fee. Isi fiel es blitzartig wieder ein: Die kleine Fee kannte sie doch! Die beiden unterhielten sich kurz, doch dann wandte sie sich lieber wieder der Karte zu. Dort war ein Weg mit Trollen, einem Buch und Palmen eingezeichnet. „Was sollte das bedeuten?“, dachte Isi. Als die Fee es ihr noch ein

paar Mal erklärt hatte, wusste sie, worum es ging.
Noch am selben Tag gingen sie in die Bücherei und sie zogen ein bestimmtes Buch aus dem Regal. Die Bücherwand drehte sich und sie konnten in einen Gang hineingehen. Hinter ihnen ging die Tür wieder zu. Es war dunkel und feucht. Man konnte nicht einmal die Hand vor den Augen erkennen. Sie gingen und gingen. Auf einmal kam ihnen ein Schwarm Fledermäuse entgegen und schrie: „Hilfe, Hilfe, die …“ – mehr verstanden sie nicht. Isi und die Fee hörten ein lautes Brüllen, einmal, zweimal, dreimal und viermal. Die Fee schrie: „Die Trolle, die Trolle!!“, und sie rannten um ihr Leben. Isi kam es so vor, als ob sie eine Stunde lang gelaufen wären. Plötzlich hielt die Fee inne und Isi stolperte über ihre eigenen Füße. Die Fee fragte: „Weißt du, wo wir sind?“ „Nein!“, bekam sie zur Antwort. Sie hatten sich verlaufen. Auf einmal wurde es hell. Die Fee fing an zu weinen. Isi fragte: „Warum weinst du?“ Aber sie erhielt keine Antwort. Nach einer Weile wusste Isi, was

los war. Die Fee war verwunschen. Einst war sie die Elfe Ali gewesen, doch die Trolle hatten sie verzaubert.
Sie musste ins Trollenland kommen und dort die silberne Palme finden, um wieder befreit zu werden. Nach einiger Zeit wussten sie, wo sie waren: Sie waren im Land der Trolle!
Ganz leise schlichen sie sich an den Hütten und an dem Schloss vorbei und standen schließlich vor der Palme. Die Fee brach ein Stück der Rinde ab und rieb sich damit ein. Da machte es „Pling!“ und statt der Fee stand vor ihr eine Elfe.
Und die beiden waren für immer beste Freundinnen.

Der kleine Johannes

Es war einmal vor langer Zeit in einem großen Königreich. Dort lebte ein kleiner Bauernsohn namens Johannes. Er war oft traurig, weil er Vater und Mutter verloren hatte. Johannes hatte beschlossen, sie zu suchen. Als er durch den Wald lief, begegnete ihm ein kleiner Zwerg. Er fragte Johannes wie er hieße und was mit ihm sei. Johannes sagte: „Ich heiße Johannes und suche Vater und Mutter. Und wer bist du?" Der Zwerg antwortete: „Ich bin Prilkorie und ich weiß auch, wo deine Eltern sind. Wenn du sie wieder haben willst, musst du drei schwere Aufgaben bestehen." Der Zwerg erklärte ihm, sie seien in der Höhle des Kobolds und werden dort grausam gequält. „Du musst zuerst das Schwert vor der Höhle des Bären klauen, es steckt in einem Stein. Mit dem Schwert musst du das Einhorn besiegen und ihm das Horn abhacken. Mit dem Horn musst du den Kobold erstechen und die Tür zur Zauberkammer öffnen. Dort sind deine Eltern mit Zauberseilen gefesselt, in der

Mitte eines Feuerrings. Als Gehilfe für die Reise schenke ich dir meine Eule, aber pass auf sie auf, sie kann wundervolle Dinge vollbringen. Sage nur Saltamara und sie macht, was du willst. Viel Glück!"

Der Zwerg Prilkorie war verschwunden. Nun ging Johannes los zur Höhle des Bären. Drei Tage und Nächte lang, dann waren sie da. Es war stockfinster und als Johannes plötzlich gegen etwas trat, merkte er, dass es das Schwert im Stein war. Er versuchte es herauszuziehen, aber es ging nicht. Da fiel ihm die Eule ein und er sagte: „Saltamara" - und tatsächlich fiel das Schwert in seine Hand. Aber da kam auch schon das Einhorn aus dem Wald und Johannes traf es mit dem Schwert genau am Horn. Er nahm es und seine Hand fing an lila zu leuchten. Nun spürte er die Zauberkraft des Horns und ging zur Höhle des Kobolds. Ein Gefühl beschrieb ihm den Weg und da sah er auch schon ein kleines, fransiges und hässliches Männchen. Es sang: „RIGA-SIKA-ABRAKADABRA, RIGA-SIKA -ABRAKADABRA." Jetzt schlich sich Johannes vorsichtig heran und als das Männchen genau an ihm vorbei sprang, stach er zu. Der Kobold starb jedoch nicht, da er ja Zauberkräfte besaß. Johannes rannte in die Höhle und sperrte die Zauberkammer mit dem Horn auf. Der Kobold, der ihm hinterher gerannt war, fiel mit letzten Kräften ins Feuer, das sofort ausging. Dort sagte er: „RIGA-SIKA-ABRAKADABRA!“ Und Johannes fielen seine Eltern in die Arme. Dann gingen sie fröhlich nach Hause.

Und wenn sie nicht gestorben sind, dann freuen sie sich noch heute.

Der schlaue Frosch

Es war einmal, vor langer, langer Zeit, in einem Urwald ein fröhlicher Tiger namens Iban. Sein bester Freund war ein Frosch und hieß Rebbyt. Iban war 5 Jahre alt und hatte schon eine eigene Familie. Seine Frau Malea und seine Kinder waren ebenfalls weiße Tiger, die recht selten in der Wildbahn vorkamen. Rebbyt war ein gelber Grasfrosch mit einem schwarzen, einem lila und einem roten Pfeil auf dem Rücken. Er war sehr giftig. Ein Tropfen genügte, um 5 Elefanten zu töten. Iban brachte seinen Jungen das jagen bei. Sie waren zwar erst einen Monat alt, aber man kann ja nie früh genug damit anfangen. Maleas Kinder hießen Rambo, Zambo, Jatan, Tane und Liselotte. Liselotte fing gerne Fliegen, Rambo Igel, Zambo kletterte gerne auf kleine Bäume, mochte es jedoch überhaupt nicht, wenn diese unter seinem Gewicht zusammenstürzten. Jatan und Tane spielten am liebsten den ganzen Tag mit Hasen.

Eines Tages ging Iban zu seinem Freund Rebbyt und fragte ihn, was die lauten Geräusche seien. Rebbyt antwortete: „Pass auf, folge diesen Geräuschen nicht. Jäger sind im Wald. Wenn die euch sehen, betäuben sie euch und ihr wacht irgendwo am Ende der Welt auf. Lasst eure Kinder nicht aus den Augen! Diese Jäger fangen alle Tierarten, ob groß oder klein, jung oder alt, einfach alle. Die Tierarten, die nicht zu gebrauchen sind, lassen sie frei, töten sie oder geben sie anderen Tieren zum Fressen. Ich sage euch, das kommt alle 5 Jahre vor! Deine Mutter und dein Vater wurden auch von ihnen gefangen genommen." Iban ging zurück zu seiner Frau und den Kindern und berichtete ihnen, was Rebbyt ihm erzählt hatte. „Wenn das wahr ist", sagte Malea erstaunt, „Kinder, es tut mir leid, aber ab jetzt dürft ihr nicht mehr raus!" „Oh Mami, bitte, was sollen wir denn sonst tun?", kam es verzweifelt zurück. „Nun gut, 4 können miteinander spielen und du Liselotte, du kochst doch so gerne, du kannst mir helfen. Wir müssen jetzt sowieso vegetarisch essen.

Ach, das wird eine schwere Zeit für uns alle!"
2 Tage später beim Essen merkte Iban, dass nur noch 4 seiner Kinder da waren. Wo war Zambo?! Iban rannte aus der Höhle und vergaß das laute Geräusch, das in den zwei Tagen immer näher gekommen war. Plötzlich knallte es und Iban sankt zu Boden. Im gleichen Moment rannte Zambo aus einem Gebüsch wieder zurück in die Höhle. Malea stellte sich vor die Kinder und war jeden Moment bereit, anzugreifen. 2 Leute kamen, packten Iban, steckten ihn in einen Sack und schon waren sie wieder verschwunden. Alle schauten ihm traurig nach.
Nach 2 Stunden wachte Iban in einem Wagen mit Gitterstäben auf. Er wollte aufstehen und brüllen, konnte es jedoch nicht. Immer wurde ihm schwindelig und er fühlte sich sehr wackelig auf den Beinen. Da kam ein Mann in Uniform mit einem großen Hut auf dem Kopf und einer Peitsche in der Hand: „Na, du wirst unsere neue Attraktion werden. Ich freue mich schon darauf, dich zu dressieren." Er machte das Gitter auf. Da war ein langer, umzäunter

Weg, der in ein Zelt führte. Iban brüllte und der Mann wurde noch zorniger. Er hob die Hand. Hinter Iban war ein anderer Mann, der das Gitter aufmachte und einen Besen in den Käfig schob. Er hob den Besen und drückte Iban aus dem Käfig. Das war kein Besen – das war eine riesige Rasierklinge und Iban schlich aus dem Käfig zum Zelt. Das Zelt bestand aus vielen Sitzplätzen und einem Kreis mit Sand in der Mitte. Um diesen war ein Zaun, den Iban leicht überspringen konnte. Dort im Kreis standen zwei Hocker. Als Iban im Zelt war, folgte ihm der Mann mit der Peitsche, den Iban für sich den Peitschenmann nannte. Bei Malea und den Kindern war währenddessen alles in Ordnung. Sie waren gerade bei Rebbyt, da sie für 3 Tage auf sein Haus aufpassen mussten. Als Iban 3 Übungen gelernt hatte, durfte er zurück in seinen Käfig und bekam ein halbes Reh zum Fressen. Die Zeit ging schnell vorüber und es wurde dunkel. Die Lichter in den Wohnwagen gingen nach und nach aus. Iban lag wach in seinem Käfig. Plötzlich hörte er ein Geräusch unter seinem Käfig und sah Rebbyt, der unter diesem hervorkroch. Er hatte den Schlüssel von Ibans Käfig im Maul. Rebbyt sagte: „Hier hast du den Schlüssel von dem blöden Käfig, mach was ich dir sage und du kommst da ganz schnell raus! Derhe den Schlüssel zweimal nach rechts und drückte dann gegen die Tür. Aber nicht zu fest, sonst hören uns alle.“ Und tatsächlich, Iban war wieder frei. Beide gingen zu jedem Käfig und befreiten die anderen Fabelwesen. Am nächsten Morgen brüllte der Zirkusdirektor: „Wo sind meine ganzen Tiere?“ Doch alle waren längst verschwunden und wieder in freier Wildbahn. Iban und Rebbyt hatten ihren Urwald wieder erreicht. Da rief Zambo ganz aufgeregt: „Mama, Rambo, Jatan, Tane, Liselotte, kommt schnell her! Papa ist wieder da!“ Kaum hatte er diese Worte zu Ende gesprochen, kamen alle schnell angerannt. Alle warfen sich auf Iban. Malea hatte am Tage zuvor einen Elefanten erlegt, der mitten in der Höhle lag. Sie holten den Elefanten und das halbe Revier kam. Alle fraßen gemeinsam und erzählten sich die ganze Geschichte. Da wurde Rebbyt zum Helden erklärt und Iban führte am Ende der Feier seine Kunststückchen vor. Nach einer Woche nannte der ganze Urwald Rebbyt „REBBY DEN SCHLAUEN". Und wenn sie nicht gestorben sind, dann leben sie noch heute.

Freunde

Es war einmal, vor gar nicht allzu langer Zeit, ein Kind mit Namen Tim. Tim hat eine arme, aber glückliche Familie, die zusammen durch dick und dünn ging. Zurzeit aber, war er gar nicht so fröhlich, denn er hatte Streit mit seinem Freund Christian, den alle nur Chris nannten. Er war Tims bester Freund und man konnte sie durch nichts auseinander bringen. Beide träumten davon, einmal große Fußballstars zu werden, denn sie waren richtig gute Kicker. Sie freuten sich schon auf den nächsten Monat, denn dann sollten sie einmalige Chance hatten, bei einem Bundesligaverein bei einem Probetraining teilzunehmen. Doch dann geschah das Schreckliche. Chris stürzte beim Crossfahren mit dem Rad und brach sich den Unterschenkel. Tim war natürlich dabei und holte schnell Hilfe. Als sein Freund mit dem Krankenwagen in die Klinik gefahren wurde, durfte er mitfahren. Es wollte ihm allerdings nicht gelingen, Tim wegen des Trainings – das er nun ja versäumen würde – zu trösten.

In dieser Nach schlief Tim schlecht. Er wälzte sich im Traum hin und her und wachte plötzlich auf. Er rieb sich die Augen und dachte, er träumte immer noch, denn es kam ihm so vor, al ob sich auf dem Flur etwas bewegt. Neugierig stand er ganz leise auf, um nachzusehen, was dort los war. Tim staunte nicht schlecht, als er ein winziges Männlein mit ganz runzeliger Haut entdeckte, als dieser sich einen Spaß daraus machte, in die Kleider seines kleinen Bruders zu schlüpfen und sich dann im Spiegel zu betrachten und sich kaputt zu lachen, da er so komisch aussah. Tim frage ihn: „Hallo, wer bist du denn und was machst du hier?“. Der Kleine antwortete: „Ich bin ein Troll und habe mich verirrt und weil du mich erwischt hast, muss ich jetzt bei dir bleiben – es sei denn...!“ „Es sei denn was?“, gab Tim zurück. „Es sei denn, du hast einen Wunsch, den ich dir erfüllen kann, dann bin ich wieder frei.“, meinte der Troll. Tim überlegte einen kurzen Augenblick. „Na ja, es

gäbe da schon etwas, das du für mich tun könntest." Tim erzählte dem Troll die Geschichte von Chris` Fahrradsturz und dem Training, und, dass Chris jetzt eine riesige Chance verpassen würde. „Nun denn, dann will ich doch mal schauen, was ich für euch tun kann!", sprach der Troll, „sonst sehen wir uns morgen Nacht wieder hier, denn jetzt musst du noch ein bisschen schlafen." Tim ging ins Bett zurück und schlief sofort ein.
Am nächsten Morgen erwachte er und glaubte, er habe alles nur geträumt. Er ging wie gewohnt zur Schule. Von der nächtlichen Begegnung erzählte er niemandem etwas, da ihm sowieso keiner geglaubt hätte. Mittags empfing ihn seine Mutter mit der „traurigen" Nachricht, dass das Probetraining um sechs Wochen verschoben wird. Eine Sekunde lang war Tim enttäuscht, doch plötzlich wurde ihm klar, was das zu bedeuten hatte. Sofort machte er sich auf den Weg zu Chris. Der kam ihm schon mit einem dicken Gips entgegengehumpelt. Als er die tolle Neuigkeit erfuhr, strahlte er über das ganze Ge-

sicht. Nun konnte es doch noch klappen, dass beide in die Bundesliga kamen.
Den Troll hat Tim in der nächsten Nacht aber nicht mehr angetroffen!

Die drei Eicheln

Es war einmal ein Baum, an dem drei Eicheln an einem Zweig hingen. Diese drei Eicheln waren Brüder. Sie spielten gerade mit dem Hut einer abgefallenen Eichel. Plötzlich sah ein Eichhörnchen, dass die drei Eicheln sich bewegten. Das wollte das Eichhörnchen nicht glauben und dachte, dass es nur träume. In diesem Moment sahen die beiden Eicheln es. Eine flüsterte der anderen zu, dass sie sich nicht bewegen solle. Das jedoch verstand die Eichel nicht und zappelte weiter. Als das Eichhörnchen noch einmal hinsah, schoss es wie der Blitz nach oben und holte sich die beiden Eicheln, die sich nicht bewegt hatten, weil dem Eichhörnchen ruhige Eicheln lieber waren. Alle Eicheln an dem Baum dachten: „Immer wenn man sich nicht bewegt, dann wird man auch nicht mitgenommen." Doch das war falsch! Das Eichhörnchen rannte zu seinem Kobel. Eine der Eicheln, die verschont wurde, hatte Schuldgefühle. Da nahm die Eichel Schwung, befreite sich aus seinem

Hut und landete auf einen Ast unter sich. Die anderen Eicheln fragten: „Was machst du da?" Sie antwortete nur: „Ich rette meine Brüder." Die Eichel lief vorsichtig bis zur Spitze des Astes. Dort versuchte sie, auf den anderen Baum zu springen. Sie setzte zum Sprung an und rutscht aus. Als sie aufprallte, merkte sie, dass sie ihren Arm verloren hatte. Sie fragte sich nur, wie sie es jetzt auf den Baum schaffen sollte, um ihre Brüder zu retten. Da flog eine Amsel vorbei. Die Eichel rief: „Amsel, liebe Amsel, kannst du mir helfen auf den Baum zu kommen?" Die gutmütige Amsel hatte Mitleid. Sie machte ein paar gekonnte Loopings und landete vor der Eichel. Die Amsel fragte: „Wieso musst du den so dringend auf den Baum?" „Weil ich meine Brüder retten muss!", antwortete die Eichel. Die Amsel sagte: „Ich bringe dich auf den Baum, aber nur wenn du mir versprichst, dass, wenn du eine große, ausgewachsene Eiche bist, ich dann auf dir mein Nest bauen darf." Die Eichel war einverstanden. So flog die Amsel auf den Baum und setzte die Eichel vor dem

Kobel des Eichhörnchens ab. Sie bedankte sich bei der Amsel und ging in den Kobel. Sie kam gerade noch rechzeitig, denn das Eichhörnchen wollte die Eicheln gerade knacken. Da biss die Eichel dem Eichhörnchen in den Schwanz. Das Eichhörnchen ließ die zwei anderen Eicheln fallen und drehte sich um. Die zwei Eicheln, die es fallen ließ, traten und bissen ihm in den Rücken und in den Schwanz. Zum Schluss traten die drei Eicheln ihm gemeinsam noch in den Po und das Eichhörnchen lief verwundert davon. Sie kletterten vorsichtig vom Baum. Unten angekommen, legten sie sich unter ein Blatt und schliefen ein. Nach ein paar schönen Stunden Schlaf kam ein Kind vorbei und sah die schönen Eicheln. Sie vergrub die Eicheln in der Erde und nach mehreren Jahren waren die Eicheln keine Eicheln mehr, sondern große, ausgewachsene Eichenbäume. Die Amsel baute auf den Eichen ihr Nest und alle waren glücklich.
Und wenn sie nicht gestorben sind, dann leben sie noch heute.

Ein Wunsch geht in Erfüllung

Es gab einmal einen Jungen. Er hieß Philipp und war sehr lieb und hilfsbereit zu allen Menschen und Tieren. Mit seinen Freunden machte er an einem sonnigen Frühlingstag eine große Radtour. Sie rasten an einem kleinen Fluss entlang. Das Wasser glitzerte toll. Weiter fuhren sie durch Felder, manche sahen hellgrün aus, andere leuchteten. Es war wunderschön. Als sie in den Wald mit riesigen Bäumen einbogen, war es sehr kühl. Nachdem sie mehrere Rehe und Hasen weglaufen sahen, fuhren sie langsamer und sprachen nur leise. Sie hörten viele verschiedene Vögel singen. Jetzt ging der Weg durch bunte Blumenwiesen. Seine älteren Freunde fuhren immer schneller. Sie hatten Fahrräder mit 24 Gängen! Weil Philipp aber sehr arme Eltern hatte, konnten sie ihm nur ein Rad mit drei Gängen kaufen. Plötzlich war er so erschöpft, dass er nicht mehr weiterfahren konnte. Er legte sich in die bunte Blumenwiese und schlief ganz fest ein.

Philipp träumte, dass er bei einer Projektwoche in seiner Schule sei. In seiner Gruppe durften die Kinder verschiedene Obstbäume pflanzen. Er war ganz aufgeregt vor Freude. Die Schüler bekamen den Platz gezeigt, wo ihr Bäumchen stehen sollte. Philipp machte sich gleich an die Arbeit und grub ein Loch. Etwas lockere Erde füllte er hinein. Den Apfelbaum stellte er ganz sorgfältig hinein und goss mit einer Kanne Wasser darauf. Er schippte noch mehr Erde darauf und trampelte alles gut fest. Philipp war stolz, dass alles so gut geklappt hatte. Plötzlich aber kam seine zickige Schwester und riss das Apfelbäumchen einfach heraus. Er konnte sich nicht wehren, weil er kleiner war. Philipp war sehr traurig und weinte. Doch da hörte er auf einmal eine leise Stimme. Er suchte im Gras und sah einen Frosch, der sagte: „Ich bin dein Freund und will dir helfen." Philipp fragte: „Wie willst du denn das anstellen?" „Lass mich nur machen", antwortete der Frosch.

Die Freunde merkten erst, als sie abends heimkamen, dass Philipp nicht mehr dabei war. Sie erschraken sehr und fuhren gleich zu seinen Eltern. In großer Aufregung wurde die Polizei benachrichtigt. Viele Leute aus dem Ort liefen mit der Polizei und Hunden los, um Philipp zu suchen. Inzwischen wachte Philipp auf und erschrak sehr, weil er so dunkel um ihn war. Plötzlich sah er ein Licht, dass immer heller wurde und hörte seinen Namen rufen. Er lief so schnell er konnte. Dann war er bei seinen Eltern. Sie nahmen Philipp ganz fest in die Arme und versprachen ihm, dass sie so viel Geld wie sie könnten für ein Fahrrad mit vielen Gängen sparen werden.

Ein mutiges Mädchen mit ihrem Freund

Es war einmal eine Elfenfamilie. Da gab es Lissi, die älteste Tochter, Linka, die jüngste Tochter und Kunn, der einzige Sohn und er wurde vor Linka und nach Lissi geboren. Natürlich gab es noch King, den Vater und Kung, die Mutter. Auch hatte Lissi noch eine Begleiterin, sie hieß Noll und war eine Fee.

Es war an einem Wochenende und Lissi wollte am Wochenende immer ausschlafen. Aber an diesem Wochenende erwachte sie durch Geschrei aus dem Nachbarhaus. Ihre Eltern waren schon auf dem Marktplatz, nur Noll war bei ihr. Sie stand auf, zog sich schnell an und ging mit Noll nach draußen. Irgendetwas stimmte hier nicht, denn alle Nachbarn liefen mit Nachthemden auf die Straße. Lissi ging zu ichnen und fragte: „Was ist denn los mit euch?" „Da ist so ein komischer Typ in unseren Häusern gewesen, der klaut alles, was wir besitzen und wenn er nichts mehr hat, frisst er uns auf," erzählte das dreijährige Mädchen von nebenan.

„Ja!“ sagte Lissis Biologielehrerin Frau Pank. „Und was wollen wir jetzt machen?“ fragte Lissi. Frau Pank antwortete: „Am besten versuchen wir ihn zu vernichten, sonst zerstört er die ganze Stadt, er hat nämlich schon den Marktplatz zerstört.“ „Gut, dann mache ich mich gleich mit Noll auf den Weg“, sagte Lissi. „Stimmt´s Noll?“ „Ja“, antwortete Noll. „Also pass auf Lissi, zuerst gehst du zum magischen Einhorn, das findest du auf der Lichtung zum Tagua. Das Einhorn wird dir erklären, was du machen musst, denn wenn du den Troll besiegt hast, ist es einfacher, die anderen Geschöpfe zu besiegen.“ „Auf Wiedersehen Frau Pank“, rief Lissi, noch bevor sie ihr Haus betrat. „So Noll, jetzt packen wir schnell deinen Rucksack, damit wir schnell aufbrechen können“, erklärte sie Noll. Nach fünf Minuten hatten sie alles gepackt, es fehlte nur noch der Proviant. Doch es gab nichts mehr, denn als sie mit Frau Pank geredet hatten, war einer der Helfer des Trolls da gewesen. Lissi sagte zu Noll: „Wir müssen ohne Proviant losgehen.“

Zuerst gingen sie dort hin, wo früher der Marktplatz gewesen war. Keine einzige Menschenseele war zu sehen und man konnte schon die ersten Häuser umkippen sehen. Lissi machte sich auf den Weg, um das Einhorn zu finden. Sie schafften es bis zum See. Wahrscheinlich brauchten sie noch drei Tage, obwohl sie um vier Uhr morgens aufstanden, ohne Unterbrechung liefen und um zehn Uhr abends erst schlafen gingen. Als sie nach vier Tagen abends beim Einhorn ankamen, fragten sie wie aus einem Mund: „Hast du etwas zu Essen für uns?"
„Wolltet ihr mich das wirklich fragen? Ich hatte eher das Gefühl, dass ihr mich fragen wolltet, wie ihr den Troll besiegen könnt", widersprach das Einhorn. „Ja", antwortete Noll. „Seht ihr", sagte das Einhorn, „dann geht das vor." „Also, ihr müsst fünfhundert Kilometer nach Westen gehen. Von dort nehmt ihr euch hundert Büschel Sandhexenkraut mit, die steckt ihr in diesen Sack und verknotet ihn mit hundert Knoten. Dann geht ihr neunhundert Kilometer nach Süden, ihr pflückt dreißig Sandnesseln,

steckt sie in diesen Sack und verknotet ihn ebenfalls mit hundert Knoten. Noch einmal fünfhundert Meter westlich, bis ihr zu einem Berg kommt. Da ist ein Loch, in das der Sack mit dem Sandhexenkraut genau passt. Ihr werft ihn durch das Loch, die Tür geht auf und ihr könnt durch das Tor gehen. Hinter dem Tor sind neunzig Zwerge. Die verwandeln euch in Menschen. Als Menschen geht ihr zu dem Schloss des Trolls. Ihr berührt ihn und dann könnt ihr fröhlich nach Hause gehen", sagte das Einhorn. „Vielen Dank!", rief Lissi zurück und machte sich mit Noll auf den Weg.

Sie brauchten einen Monat bis zum Schloss, aber der Troll war nicht zu Hause. Also gingen sie hinein und warteten im Thronsaal auf ihn. Als der Troll endlich kam, rannten sie auf ihn zu und als sie ihn fast berührten, fing er an zu lachen und rief: „Ich habe doch noch die Gefangenen in meinem Bauch, da könnt ihr mich doch nicht einfach umbringen", schnappte sich Noll und schluckte ihn herunter. Nun war Lissi auf sich alleine gestellt! Sie berührte den Troll, nahm sich eine Schere und schnitt ihm den Bauch auf. Mindestens tausend Elfen flogen auf sie zu und umarmten sie. Noll war auch dabei, aber ihre Eltern waren nicht da. Plötzlich fiel ihr ein, dass es ja noch neunzig Helfer des Trolls gab und jeder konnte ihre Eltern haben. Sie machte sich auf den Weg, ihre Eltern zu suchen, aber das Einhorn hatte vergessen zu erwähnen, wie schwer es war, aus dem Reich wieder heraus zu kommen. Noll gelang es, denn sie konnte durch das Loch schlüpfen. Von außen konnte man jetzt ganz leicht die Tür aufmachen. Alle konnten aus dem Reich heraus, sogar die Zwerge. Alle freuten sich, frei zu sein. Die Zwerge berührten jeden einzelnen Helfer des Trolls. Beim letzten fand Lissi endlich ihre Familie. Noll konnte auf einmal zaubern und zauberte sie nach Hause. Sie standen auf einer großen, verlassenen Wiese, denn alle Elfen mussten auf eine Insel, die man nicht zerstören kann. Auf die konnte man nicht leicht gelangen, weil sie weit draußen im Meer lag und man keine Fahrzeuge hatte. Also mussten sie eine Brücke bau-

en. Jeder sollte seine eigene Brücke bauen, aber sie hielten sich nicht an das Gesetz vom Elfenkönig. Sie bauten nur eine einzige Brücke.
Als sie auf der Insel waren, rissen sie die Brücke ein, damit es kein Feind hinüber schaffen konnte. Es schafften aber zwei Hexen, die sehr klug waren. Sie versteckten sich auf den Palmen und schmissen Kokosnüsse auf die Köpfe der Elfen. So konnte das nicht weiter gehen, denn die Hexen konnten zaubern! Da Lissi alle gerettet hatte, wurde sie mit ihrer Familie in einem großen Turm eingesperrt, denn der König wollte allein die Hexen besiegen. Alle Elfen waren unzufrieden und die Zwerge mussten den Hexen helfen. Die Elfen dachten: „Wenn unser König das macht, werden wir alle sterben müssen." Keiner konnte den König überreden, Lissi frei zu lassen. Alle Bewohner der Stadt waren unglücklich, denn ohne Lissi würden sie alle sterben.
Lissi aber war klug. Sie nahm das Brotmesser und popelte die Steine aus der Mauer, so dass sie herausschlüpfen konnte. Der König merkte nichts davon, so dass Lissi den anderen helfen

konnte, die bösen Hexen zu vertreiben. Das war nicht einfach. Sie rissen den Turm, in dem Lissi eingesperrt war ab, bauten einen Turm um die Hexen, denn Hexen können in Türmen nicht zaubern. Als sie fertig waren, kümmerten sie sich um die Hexen. Sie holten Feuer, Wasser und Erde. Die Fackeln zündeten sie an und füllten die Eimer mit Wasser und Erde. Alles warfen sie in den Turm. Es gab einen Schrei und der Turm explodierte. Die Hexen waren wieder frei und zauberten noch tausend andere Hexen herbei. Sie nahmen die Elfen gefangen und sperrten sie in Käfige. Nun begann wieder ein schweres Leben.

Lissi lag im Bett, genauso wie Linka, Kunn und Noll. Alle in einem Zimmer. Ihre Eltern lagen in der Knechtkammer nebenan. Wenn man ein größeres Haus haben wollte, musste man reich sein. Lissis Familie war arm. Die Hexen kamen in die Häuser und nahmen die Elfen mit. In dieser Nacht wurden auch Lissi und Noll gefangen. Linka, Kunn und ihre Eltern blieben unversehrt. Lissi war mit Noll in einem Käfig. Es war ziemlich eng. Die Hexen tanzten jeden Abend um ein Lagerfeuer. Lissi nahm eine Fackel und entzündete sie und als eine Hexe kam und schauen wollte, ob sie dick oder dünn war, verbrannte Lissi die Hexe. So ging das jeden Tag, bis eines Tages eine Hexe kam, sie fesselte und in einen Baum hängte. Lissi schluchzte: „Meine Eltern werden mich niemals befreien." Aber eine Stunde später hörte sie ein verzweifeltes Rufen vor dem Tor des Hexenreiches. Es hörte sich an wie ihrer Eltern. Plötzlich fiel sie vom Baum. Fünf Minuten später hielt sie immer noch ihr Bein vor Schmerz. Sie lief zum Tor und versuchte es zu öffnen. Aber auch sie schaffte es nicht. „Ich befreie Noll erst einmal alleine und dann versuche ich es mit Noll noch einmal", dachte sie sich. Als sie Noll befreit hatte, waren auch alle anderen Elfen frei. Alle Elfen flohen, aber als Noll und Lissi vor der Tür standen, ging sie nicht auf. Sie warteten und warteten und nach zwei Stunden versuchten sie erstmals die Hexen umzubringen, denn immer wenn eine Hexe starb, kam jede

Minute eine neue. Noll zauberte Millionen Elfen, die alle eine Fackel hatten. Sie schafften es, alle zu vernichten. Das Tor ging auf und Lissis Familie ging hindurch. Natürlich schloss sich die Tür wieder und keiner konnte mehr hindurch.

Im Reich der Hexen gab es nur leider nichts zu Essen. Man konnte auch nirgends schlafen. Da es ja keine Hexen mehr gab, gab es auch nichts mehr zu essen und nichts mehr zu trinken. Es gab nur das kahle Schloss und giftige Pflanzen. Neue Hexen kamen wieder und nahmen Noll die Zauberkraft weg. Dafür gab es wieder Essen und Trinken. Sie bekamen von den Hexen sogar ein Zimmer mit Betten, feine Kleidung, Essen und Trinken, jeden Morgen auf ihr Zimmer. Sie hatten nur ein Problem! Sie würden so nicht überleben können.

Es war früh und Lissi und ihre Eltern hatten keine Lust mehr auf dieses Leben. Deshalb sprangen sie zum Fenster, stellten fest, dass sie fliegen konnten und flogen zu ihrer Insel. Dort war keiner mehr zu finden, denn alle wurden von der Hexe gefangen. Sie flogen einmal um die Erde, weil sie nicht wussten, wo die Hexe wohnte und schmiedeten einen Plan. Nach einer Weile gingen sie los und versuchten, ihren Plan auszuführen. Als sie vor der Burg standen, kamen sie nicht durch das Tor, deshalb flogen sie abends drüber. Aber die Burg war so groß, dass man nicht wusste, wo man hingehen sollte. Niemand kannte den Weg durch die Burg. Als sie den Flur betraten, begann etwas zu piepsen. Plötzlich näherte sich ein Schatten. Es war der Schatten der Hexe. Sie lachte grässlich und schnappte sich Kunn. Er aber floh schnell aus der Burg. Lissi schlich sich an der Wand entlang und gelangte in den Raum, wo die Käfige hingen. Alle, die sie kannte, waren dabei, sogar Frau Pank und das dreijährige Mädchen von nebenan. Lissi setzte sich auf den Thron der Hexe. Als die Hexe kam, erstarrte sie für zehn Minuten. In dieser Zeit fesselte Lissi sie und befreite alle anderen Elfen. Sie flogen zu ihrer Insel und bauten ihre Häuser wieder auf und

sie lebten glücklich und zufrieden bis an ihr Lebensende.
Und wenn sie nicht gestorben sind, so leben sie noch heute.

Die Reise ins Mittelalter

Es war einmal vor langer Zeit in einer weit, weit entfernten Galaxis...
10 Jahre nach dem Krieg um Endoro kämpften die Nachkommen von Wayne Star und Mike Galaxy. Diese hießen Ben und Cade. In einem der Kriege gegen das Imperium, die dumme Seite der Macht, verschwanden die beiden durch eine Zeitschleuse, ohne etwas davon zu merken. Sie landeten in einem fremden, finsteren Wald. Schon seit Stunden irrten sie darin umher. Plötzlich stand eine glänzende Gestalt auf einem Pferd vor den beiden. Da Ben und Cade im Geschichtsunterricht gut aufgepasst hatten, merkten sie, dass sie im Mittelalter gestrandet waren. „Halt, keinen Schritt weiter! Ich bin Ritter Kunibert der III. und das ist mein Wald. Wer seid ihr und was wollt ihr hier?“, fragte der Ritter. Ben und Cade wussten nicht, ob Kunibert der III. ihnen wohlgesonnen war. Ben antwortete vorsichtig: „Ich bin Ben und das ist mein Freund Cade. Es ist zwar sehr unglaub-

würdig, was ich dir sage, aber es ist wahr! Wir beide sind aus der Zukunft durch ein Zeitloch unbemerkt hierher gelangt. Aber was machst du hier in deinem Wald?“ „Ich jage Wildschweine gegen meinen Hunger. Wollt ihr mir helfen?“ „O, ja! Wir haben auch Hunger.“, riefen die beiden Jehdi-Ritter wie aus einem Munde. So fingen sie drei Wildschweine: Jeder fing sein eigenes. Ben und Cade erledigten ihre Wildschweine mit dem Laserschwert, Kunibert mit seiner Armbrust. Er staunte nicht schlecht, als er die Laserschwerter sah. Der Ritter lud die Jehdi-Ritter auf seine Burg, um ein großes Wildschweinmahl zu halten. Nach dem Essen wollte Kunibert wissen, wie man solch ein Schwert bekommt. Cade sagte, dass man dieses Schwert nur mit einer Ausbildung bekäme. Ritter Kunibert wollte sie sofort beginnen.

Nach drei Tagen Ausbildung war Kunibert schon ein halber Jehdi und hatte schon sein eigenes Laserschwert. Plötzlich hörten sie draußen ein lautes Kreischen. „Das kann nur der Drache des bösen Zauberers sein! Dieser will meine

Burg mit Hilfe des Drachens erobern.", warnte Ritter Kunibert. Die drei schlichen zum Tor um nachzusehen, wo der Drache war. Sie sahen ihn über einen der Türme fliegen. Er sah sehr gefährlich aus, hatte rote Augen, grüne Schuppen und am Schwanzende spitze Stacheln, um seine Beute zu erschlagen. Zu spät, der Drache hatte die drei bereits gesehen und flog angriffslustig auf sie zu. Im letzten Moment zündete Ben sein Laserschwert und griff mit der Macht aus, sodass der Drache gegen eine hohe Mauer flog. Benommen fiel der Drache ohnmächtig zu Boden. Ben sprang hinterher und bohrte dem Drachen das Laserschwert in den Kopf. Auf einmal wurde die Nase kleiner, der Schwanz verschwand und dann lag dort ein hübsches Mädchen. „Oh Gott, das ist ja meine Tochter Gudrun.", rief Kunibert und lief zu ihr. Jetzt öffnete Kuniberts Tochter ihre Augen und war außer sich vor Freude.

Nach einer langen innigen Begrüßung zwischen Vater und Tochter bot sie Ben und Cade einen freien Wunsch an. Da Gudrun in einen Drachen

verwandelt worden war, hatte sie dessen magische Kräfte behalten. Die Jehdis fragten, ob sie sie wieder in die Zukunft bringen könnte und sofort erfüllte sie ihnen diesen Wunsch.
Und wenn sie nicht gestorben sind, dann kämpfen sie noch heute.

Der Feenprinz

Es war einmal ein kleiner Junge. Der lebte mit seinen Eltern in einer winzigen Jagdhütte mitten im tiefen Wald. Ganz in der Nähe war ein großer See, an dem er jeden Tag spielte. Neben dem See war ein riesiger, alter Baum mit einem Loch im Stamm, um den er eine Sandburg baute. Sie wurde jeden Tag ein bisschen größer und schöner. Als er eines Tages sein Werk vollendet hatte, trat eine wunderschöne Fee aus dem Baum heraus. Sie sagt: „Lieber Junge, weil du mir eine so schöne Burg gebaut hast, hast du drei Wünsche frei." Der Junge war völlig überrascht und rannte erschrocken nach Hause. Als er am nächsten Tag wieder zum See ging, erschien die Fee erneut. „Hast du dir die Wünsche überlegt?", frage sie und der Junge antwortete: „Ja – mein erster Wunsch ist, dass die Burg zu Stein wird und darin mindestens 100 Leute leben können. Mein zweiter Wunsch ist, dass sich in dieser Burg König werde und das Land regieren kann. Mein dritter Wunsch ist, ich möchte ein schwarzes Pferd, das schneller ist, als der Wind!"

Sie erfüllte ihm alle seine Wünsche, doch im gleichen Moment wurde die Fee durch einen Fluch in eine schreckliche, alte Hexe verwandelt, die von diesem Tag an dem jungen König das Leben zur Hölle machte. Als er eines Tages mit seinem Pferd in den Wald ritt, fand er sie in seinem alten Haus, das ihr nun als Hexenhaus diente. Er kämpfte gegen sie und als er sie mit seinem Säbel berührte, wurde sie wieder zur Fee und er verliebte sich in sie.

Und wenn sie nicht gestorben sind, dann leben sie noch heute.

Der Feuersalamander

Eines Tages ging der Feuersalamander spazieren und sang dabei ein hübsches Lied. Ein Falke, der ihn hörte, packte ihn und hob ihn hoch in die Lüfte. Dann ließ er ihn fallen. Da rief der Feuersalamander aus: „Ja, so geht es, wenn einer seinen Mund nicht schließen will, dann bringt ihn sein Mund ums Leben!"

Das hörte ein Teehändler und sagte: „ O Wunder, sogar die Feuersalamander können sprechen!" Er nahm sie, machte sich auf den Weg zum Kaiser und schenkte sie ihm. Dazu sagte er: „O mein Kaiser, dieser Feuersalamander kann sprechen!" Der Kaiser betrachtete sie eine Weile, darauf sprach er: „Nun denn, so zeige mir, wie er spricht!" Der Teehändler bedrängte den Feuersalamander:" Sprich, Feuersalamander!", aber der Feuersalamander blieb stumm. Er sagte: „Sprich doch dasselbe, das du heute morgen gesagt hast!", aber er wollte einfach nicht sprechen. Da wurde der Kaiser wütend und rief: „Er hat es gewagt den Kaiser zum

Narren zu halten, nehmt ihn und schlagt ihm den Kopf ab!" Da ergriffen ihn die Wachen und schlugen ihm den Kopf ab.
Ja, so geht es, wenn einer seinen Mund nicht schließen will. Im schlimmsten Fall bringt einen der eigene Mund ums Leben!

Der dunkle Wald

Es war einmal eine Elfin namens Jenny, die in einem dunklen Wald lebte. Dort gab es auch eine böse Eiskönigin, die gerne jemanden in ihrem gefährlichen Schloss einsperrte. Um dort jemanden herauszuholen, musste man viele Hindernisse überwinden, denn dann kam man vor den Raum in dem sie die Tiere, Elfen oder Feen einsperrte. Wenn man vor dem Raum stand, musste man ein Schlüsselrätsel lösen.

Jenny die Elfin hatte in dem Wald einen sehr guten Freund. Es war ein Drache mit dem Namen Lino, der noch sehr, sehr klein war. Lino war bei der bösen Eiskönigin eingesperrt, doch Jenny traute sich nicht in das gefährliche Schloss der Eiskönigin. Dennoch hatten Lino und Jenny sich fest versprochen, das sie sich gegenseitig helfen, egal in welcher Situation. Also blieb Jenny nichts anderes übrig, als in das Schloss der Königin zu gehen und Lino zu retten.

Zuerst ging sie zur Feenprinzessin und bat sie, ihr zu helfen. Am Schloss angekommen machte ihnen die Eiskönigin auf und Jenny sagte: „Wir wollen Lino retten und deine Hindernisse überwinden!“ Die Eiskönigin erwiderte: „Nun gut, wenn ihr alles andere und das Schlüsselrätsel schafft, dürft ihr Lino mit nach Hause nehmen. Aber wenn nicht, dann gehört ihr beide und Lino mir“. Sie waren einverstanden und betraten das Schloss. Nachdem sie die Hindernisse, nach langer Zeit endlich überwunden hatten, standen sie schnaufend vor dem Raum mit dem Schlüsselrätsel. Beide überlegten und überlegten, bis die Feenprinzessin endlich auf die Idee kam, ihren Zauber einzusetzen. Tatsächlich half der Zauber und der Raum ging auf. Lino und Jenny rannten aufeinander zu und freuten sich, dass sie wieder beieinander waren.

Alle drei gingen nach Hause. Lino und Jenny bedankten sich vielmals bei der Feenprinzessin und waren glücklich bis an ihr Lebensende. Und wenn sie nicht gestorben sind, dann leben sie noch heute.

Das Mädchen und der Wunsch

Es war einmal ein armes Mädchen, das keine Eltern mehr hatte. Alleine und traurig zog es durch die Welt. Eines Tages erschien eine gute Fee. Sie sagte: „Mein liebes Mädchen, du hast einen Wunsch frei. Überlege gut, damit dein Wunsch dir Glück bringt!“ Da wünschte sich das Mädchen, dass es auf dieser Welt nie mehr alleine leben musste. Die Fee freute sich über den guten Wunsch des Kindes. „So soll es geschehen!“, sagte sie. Dann nahm sie das Mädchen an der Hand und führte es zu einem großen Haus. Dort lebte ein Ehepaar, das sich schon lange ein Kind gewünscht hatte. „Hier ist euer Kind.“, sagte die Fee und ging. Das Kind lebte mit seinen neuen Eltern glücklich bis an ihr Lebensende.

Die Legende lebt

Wir sind im Jahre 3 054 n.Chr. Die Welt hat große technologische Fortschritte gemacht: Die Wissenschaftlicher haben es geschafft, Laserschwerter und Laserpistolen zu produzieren, aber sie hätten nicht mit solch schlimmen Verbrechen gerechnet. Fast jeden Tag wurde in einen Laden eingebrochen und ein Laserschwert oder eine Laserpistole gestohlen. Ich und meine Freunde, wir sagten uns: Wer jemandem ein Laserschwert abknöpft, darf es behalten. Schon am nächsten Tag kamen uns drei Räuber mit Schwertern und Pistolen entgegen. Sie hatten jeweils drei gestohlen. Wir versteckten uns hinter der nächsten Ecke und stellen ihnen ein Bein. Alle drei stolperten und fielen hin, wir nahmen ihnen die Waffen ab und führten sie zur Polizei. Wir durften die Waffen behalten, weil die Männer so viele davon geraubt hatten. Wir beschlossen, sie für einen guten Zweck einzusetzen und gingen zu einem Verein, in dem Mann „Macht" lernen kann. Nach 2 Monaten Ausbildung machte ich meinen „Meister" und trainierte noch weitere 5 Jahre, meine Freunde sogar noch ein Jahr länger. Wir überlegten, was wir mit der „Macht" anfangen könnten und jetzt beginnt die eigentliche Geschichte:

Meine Freunde und ich wurden in den Orden der besten Kämpfer einberufen, den man kurz DEN ORDEN nennt. Gleichzeitig versuchten die dunklen Kräfte, uns mit allen Mitteln zu ihnen zu locken. Wenn man auf der dunklen Seite ist, macht einen das unsterblich und meine Freunde ließen sich davon locken. Ab sofort waren sie meine Feinde. Seit diesem Zeitpunkt gehörten einige der besten Kämpfer der dunklen Seite an. Sie zog immer mehr Jungen im Teenageralter an und von den Kämpfern der guten Seite wurden weitere fünf getötet. Mittlerweile waren nur noch 10 Kämpfer des ORDENS übrig, während die dunkle Seite auf über 100 Mitglieder angewachsen war. Lord Sader war der Anführer und nahm auch Roboter in seine Armee auf, die aussahen wie die anderen Kämpfer. Die Kämpfer des Ordens griffen mit einem unsichtbaren Raumschiff an, aber die Roboter hielten stand. Letztlich gelang es uns aber, neunzig Anhänger der dunklen Seite zu töten. Wir sprangen aus dem Flugzeug und standen den übrigen 10 gegenüber. „Keine Bewegung oder ihr werdet alle sterben!", schrieen wir. „Lord Sader wird euch vernichten!", kam es zurück und wir kämpften. Alle außer mir und zwei Anhängern der dunklen Seite wurden getötet. Ich nahm ihnen die Masken ab – es waren meine Freunde. „Kommt zum ORDEN oder ich werde euch töten!", drohte ich ihnen, doch sie waren zu sehr von der dunklen Seite beeinflusst. Schließlich baute ich einen neuen ORDEN auf. Alles war wieder gut.

Do-ki und seine Mutter

Es war einmal ein Elf, der hieß Do-ki. Sein Vater Ki-do war der beste Elfenkämpfer des Jahres. Da Do-ki sein Sohn war, wollte er auch ein so guter Kämpfer werden wie sein Vater. Leider war er völlig untalentiert. Er hatte also ein großes Problem, weil er eine Zauberer oder Zauberin und gleichzeitig seine Mutter finden musste, die er nicht kannte, weil sie von einem Waldausflug nicht mehr zurückgekommen war, als Do-ki erst ein Jahr alt war.

Als er dem Vater von dem Wunsch erzählte, sagte sein Vater, das es schon lange her sei und er wahrscheinlich seine Mutter nicht mehr finden würde. Wahrscheinlich sei sie tot. Da klopfte es an der Tür. Sein Vater ging zur Tür und öffnete sie. Da stand eine Frau. Sie lächelte Ki-do in das Gesicht. Als Do-ki seinen Vater lächeln sah, erkannte er sie. Es war Do-kis Mutter. Als Do-ki sich freute und in die Arme seiner Mutter sprang, sagte sie, sie wäre eine Zauberin. Als Do-ki das hörte, fragte er seine Mutter, ob sie ihn besser im Elfenkämpfen machen könne und sie willigte ein. Sie feierten bis spät in die Nacht.

Und wenn sie nicht gestorben sind dann feiern sie noch heute.

Die komische Reise

Es war einmal eine Familie mit 3 Kindern. Die Kinder hießen Joe, Laura und Julia. Joe, der älteste, war 13, Laura war 11 und Julia 6. Die Familie wollte in den Sommerferien nach Italien fahren, um dort zu campen. Wie in jedem Urlaub wollte der Opa mitkommen, doch der Vater sah es ungern, da er ein bisschen albern war. Doch die Kinder wollten unbedingt, dass der Opa mitkommt. Heute ging es los! Der Opa kam mit einem komischsten Outfit, das er je getragen hatte: mit grünem T-Shirt, pinker Hose, blauer Sonnenbrille, pink-gelb-grün gestreifter Jacke und Winnie-Puh-Socken. Der Vater versuchte alle schnell in den Camper zu bekommen, da er nicht wollte, dass jemand den Opa sah, doch dem Nachbar entging nichts: „Schickes Outfit – will ich auch mal haben!", rief dieser und der Vater lief rot an. Die Fahrt dauerte 8 Stunden! Als sie ankamen, waren nur 2 andere Wohnwagen da. In dem einen Wagen waren 2 Bayern, die nur ans Saufen dachten und noch eine andere Familie. Diese hatten 2 Zwillingsbrüder und eine Tochter. Die Zwillingsbrüder hießen Marvin und Jake und waren 14 Jahre alt. Die Tochter hieß Jennifer und war 12. Als sie ausstiegen, begrüßte sie die andere Familie freundlich, doch die Kinder grinsten, als sie den Opa sahen. Während der Fahrt hatte der Opa sich noch ein Foto und ein orange-pink-getupftes Fernglas umgehängt. Außerdem hatte er noch eine blaue und gift-grüne Haarklammer an den Ohren. Als der Vater die Haarklammern schnell ablösen wollte, rannte der Opa los und schrie: „Meine Haarklammern!" Nach einer Stunde kam er schließlich mit dem Vater zurück und der Vater hatte es geschafft, dem Opa die Haarklammern abzunehmen. Inzwischen hatten sich die Eltern zusammengesetzt und redeten miteinander. Die Kinder dagegen, hatten sich in den Wohnwagen gesetzt und spielten. Am nächsten Tag nach dem Frühstück sagte der Vater: „Heute machen wir mit den Nachbarn eine Wanderung! In 10 Minuten geht's los." Als die Kinder aus dem Wohnwagen stiegen, standen schon die Nachbarn bereit. Die Familien gingen in Richtung Wald. Nach 2 Stunden Wanderung gerieten sie in ein kaltes und sehr dunkles Waldstück. Auf einmal sprangen Yetis und Wölfe aus dem Gebüsch. Alle rannten schnell weg. Nach einer kurzen Zeit hatten sie die Ungeheuer abgehängt, nur der Opa verwandelte sich! Jetzt hatte er ein ganz gelbes Outfit an und sagte: „Ich bin der Käsemagier und habe für jeden ein Geschenk. Für Joe ein Schwert, für Laura einen Bogen und für Julia einen kleinen Dolch, für die Zwillingsbrüder ein Schild und einen Dolch und für Jennifer auch einen Bogen. Ihr Erwachsenen bekommt 1 Kilo Käse, Butter und Brot. Dann verschwand er. Die Kinder und Eltern machten sich auf den Heimweg. Als sie wieder an dem Gebüsch vorbeigingen, sprangen die Yetis und Wölfe erneut aus dem Gebüsch. Die Kinder reagierten instinktiv: Sie nahmen ihre Messer, Schwerter, Bogen und Schilde. Sie kämpften gegen die Yetis und Wölfe und es dauerte lange, bis alle Wölfe und Yetis besiegt waren. Dann machten sie sich auf den Heimweg. Als sie zu Hause waren merkten sie, dass ihre Urlaubsnachbarn umgezogen waren und jetzt neben ihnen wohnten. Und wenn sie nicht gestorben sind, dann leben sie noch heute.